幼儿园四季课程的探究与实践

薛芳华 著

中国石油大学出版社
CHINA UNIVERSITY OF PETROLEUM PRESS
山东·青岛

图书在版编目（CIP）数据

幼儿园四季课程的探究与实践/薛芳华著. -- 青岛：
中国石油大学出版社，2024.8. -- ISBN 978-7-5636
-4770-5

Ⅰ. G612

中国国家版本馆 CIP 数据核字第 20243Y0R37 号

书　　　名：幼儿园四季课程的探究与实践
　　　　　　YOUERYUAN SIJI KECHENG DE TANJIU YU SHIJIAN
著　　　者：薛芳华
责任编辑：高建华　朱纪寒（电话　0532-86981536）
责任校对：郭月皎（电话　0532-86981980）
封面设计：孙晓娟
出　版　者：中国石油大学出版社
　　　　　　（地址：山东省青岛市黄岛区长江西路 66 号　邮编：266580）
网　　　址：http://cbs.upc.edu.cn
电子邮箱：gaojianhua6@163.com
排　版　者：胡俊祥
印　刷　者：泰安市成辉印刷有限公司
发　行　者：中国石油大学出版社（电话　0532-86983437）
开　　　本：710 mm×1 000 mm　1/16
印　　　张：10
字　　　数：182 千字
版　印　次：2024 年 8 月第 1 版　2024 年 8 月第 1 次印刷
书　　　号：ISBN 978-7-5636-4770-5
定　　　价：46.00 元

前言

作为一名深耕学前教育领域近30年的幼儿园管理者,我深知课程对幼儿成长的重要性。我时常思考:什么样的课程能真正满足幼儿的需求,能有效促进幼儿的全面发展? 自2000年起,我和团队开始积极探索适合本园的园本课程,并在实践中不断丰富和完善。在研究过程中,我们重点关注两个核心问题:一是我们要做什么样的课程? 党的十九大强调"落实立德树人根本任务",我们深知教育的目的在于促进人的全面发展,而四季课程是实现这一目标的重要载体。二是我们如何去做课程? 即探讨有效的实施路径和方法,促进幼儿全面发展。

本书中,我们回顾了四季课程24年的发展,讲述了幼儿园课程发展的四季故事。第一章探讨了四季课程的萌芽、生长、再生与完善的过程;第二章概述了课程体系的建构、目标、特点、内容、实施和评价;第三章以四季为形式呈现了课程实施的实践案例,传递了本园提高课程内涵质量的具体做法;第四章从"园家社"协同育人的视角,介绍了支持幼儿发展的创新模式。在四季课程实施过程中,我们也梳理出了对四季课程的几个关键认识。

一、基于幼儿本位,形成与文化契合的四季课程理念

随着学前教育改革的深化,我们已经实现了从传统的授课模式到以幼儿为中心的课程模式的转变。这一转变不仅标志着课程观念的更新,还是对教育观和幼儿观的深刻重塑。我们坚定地以幼儿为中心,依据他们的年龄特点和学习方式,精心雕琢出独具特色的园本课程。这些课程根植于园所的文化底蕴,其中每一环节都浸透着文化元素,从而使得我们的课程理念与园所文化内涵紧密相连。

本园秉持"环境浸润,和谐成长"的办园理念,强调在自然环境与社会环境中促进幼儿自由、自主、愉悦、和谐地成长。这一理念与《荀子·天论》中"万物各得其和以生,各得其养以成"的哲学思想不谋而合,体现了我们追求师幼与自然、社会和谐共生的教育理念。

我们的四季课程坚持"以幼儿为本",核心理念为"大环境小种子,每个豆豆都不同"。这一理念凸显了每个幼儿的独特价值,尊重他们的个性和兴趣,坚信每个幼儿都是有能力的学习者。在四季课程的建构过程中,我们巧妙地将幼儿的学习、生活、游戏和运动融为一体,打造游戏化课程,以满足幼儿全面成长的需要。此外,四季课程还着重在多元化的环境中激发幼儿的潜能。我们鼓励幼儿在课程探究中勇于尝试、敢于创新、挑战自我,期望每个幼儿都能在大自然和大社会的怀抱中自由呼吸、自然生长,这正是我们基于"以幼儿为本"教育理念的价值追求。

二、遵循幼儿兴趣,建构动态的四季课程内容体系

幼儿园课程是一个不断发展、促进幼儿自我建构的动态过程。这一过程以生活为基础,以活动为核心,强调全面性、关联性、协同性和应变性。四季课程遵循幼儿兴趣,深入挖掘并利用园区的地域文化、历史传统等资源,巧妙融合自然、社会、传统文化与实践生活等多个方面,为幼儿创造了一个全面、丰富、立体的学习环境。本书第三章通过四季课程故事和游戏案例,展示了"豆宝探四季""豆宝走四季""豆宝爱生活"和"豆宝寻节气"四个主题板块的师幼互动、探究过程及研究成果。

"豆宝探四季"板块着重引导幼儿观察、体验和感知四季变化,了解春生、夏长、秋收、冬藏的四季轮回过程。我们创生《我的蜗牛朋友》《啪嗒!银杏果落了》《山坡趣滑记》等课程内容,让幼儿在"自然课堂"中观察花开、蝉鸣、落叶和雪景,不仅感受到四季的魅力,还培养了观察力和环保意识。

"豆宝走四季"板块带领幼儿走出幼儿园,通过研学方式参与社区活动,如参观博物馆、图书馆等,以了解社会现象和生活,培养幼儿的社会适应能力和人际交往能力。

"豆宝爱生活"板块鼓励幼儿参与家务劳动、社区服务等,培养幼儿的生活自理能力、社会责任感以及创新精神。《我做衣服的小主人》《我来照顾小宝宝》等生活课程故事和案例,体现了幼儿与生活的连接。

"豆宝寻节气"板块着重传承和弘扬中华优秀传统文化。通过探究二十四节气,幼儿了解了节气传统文化,感受节气变化,并参与制作传统手工艺品、品尝传统美食等活动,感受传统文化的魅力。

四季课程建设是一个系统而有意义的过程,四个主题板块有机结合,不仅促进幼儿对自然、社会、文化的认识,还培养了幼儿的实践能力、创新思维和社会责任感。

三、聚焦幼儿发展,创新四季课程协同育人模式

四季课程强调"园家社"协同育人,实施"种子润心社团"、"课程实践小组"、"智慧＋"阅读共育模式等创新举措,旨在建构一个全方位、多层次、立体化的协同育人的教育体系。此体系鼓励幼儿园、家庭和社区共同参与幼儿的教育过程,形成一个紧密相连、互动互补的共育网络,确保幼儿在幼儿园、家庭和社区三个重要环境中获得全面、和谐、个性化的成长。

本书第四章从"润·家庭""润·生活""润·游戏"三个维度,结合具体案例,介绍了种子润心社团中"豆爸豆妈成长营""小种子养成社团""豆宝游戏支持联盟"等创新做法,为四季课程的深入实施提供了"园家社"共同成长、相互支持的平台。四季课程的"家庭实践小组"则根据家庭住址和家长资源分布情况自行组队,每队包含五六个家庭,形式可固定,也可灵活调整。这些家庭在平等、互助、合作的基础上,围绕四季课程的内容开展丰富多彩的小组活动。这种活动形式有效弥补了幼儿园教育资源的不足,实现了园内与园外活动的互补与融合。

同时,依托本园"山东省优秀家长学校""全国家园共育实践基地"的优势,结合四季课程的核心理念,利用智能数字化技术,搭建家园共育"立交桥",创建了"三域五步双驱"的亲子阅读指导模式。这一模式彰显了四季课程背景下"智慧＋"亲子阅读的课程特色,并在"园家社"协同育人的模式中不断拓展课程的宽度和广度。此研究成果已在山东省第八届园长大会、"学习强国"等媒体平台得到广泛宣传和推广。

三十载峥嵘岁月,积淀了深厚的文化底蕴,记载着长江路中心幼儿园全体员工在学前教育高质量发展道路上勇敢奔赴的印记和成果。本书的出版亦是送给长江路中心幼儿园30周年华诞的礼物。在此感谢为此书奉献智慧的李娜老师、于桂芬老师,还有提供案例经验的老师们。同时,期待与更多的同行交流学习,共同推动幼儿园课程研究的深入,为幼儿的成长助力。

薛芳华

2024 年 5 月

目录
Contents

第一章 »»

四季课程的发展历程与现状

　　幼儿园课程是幼儿园教育理念和教育目标的体现，是将教育理念转化为教学行为的重要纽带，且与文化积淀紧密相连。随着教育改革的推进，长江路中心幼儿园的四季课程经历了"萌芽—生长—再生"的发展阶段，从传统的学科体系逐渐转变为注重跨学科整合、实践性和创新性相结合的新型课程体系。这一课程体系不仅融合了教育理念与本土文化，更见证了教育理念的持续更新和进步。课程实施需多方协同，我们加强幼儿园与家庭、社区和社会的互动，共同营造促进幼儿成长的良好环境，以确保教育品质的不断提升。

第一节　四时之景，庭院之趣
——四季课程的萌芽（1995—2000年）

　　长江路中心幼儿园建于1995年，占地面积4 539平方米，其中绿化面积为3 200多平方米，空间大，土地植被却很少。建园初期，幼儿园本着"播下一粒种子，留下一份希望"的初心，在园所绿化的基础上，幼儿和家长们自发地开展了"增绿"活动，结合不同的季节选择树木品种为幼儿园的庭院增绿添彩。随着时间的推移，前期的栽种不仅为幼儿园增添了无限生机，还为幼儿提供了玩耍的场所。当时的"增绿"活动，为当下和未来的幼儿在实践中体验生命的可贵与大自然的神奇提供了宝贵的"四时皆有景，万物皆有趣"的环境教育资源。在这个充满绿意的庭院里，四季景色各异，犹如一幅美丽的画卷轮回更迭。春天，万物复苏，绿植郁郁葱葱，幼儿在草地花海中嬉戏玩耍，感受着生命的勃发；夏天，阳光明媚,绿树成荫,幼儿在树下乘凉,聆听着蝉鸣,体会着大自然的神奇;秋天,金黄色的树叶飘落,幼儿捡拾落叶,创作出一幅幅美丽的画作,感受着丰收的喜悦;冬天,白雪皑皑,幼儿在树下堆雪人、打雪仗,欢声笑语回荡在庭院里。

自2000年起,我国幼儿教育领域受到了课程改革和国家政策的大力推动,发生了深刻的变革。在此过程中,幼儿园开始积极探索适合自己的园本课程,以满足幼儿全面发展的需要。在这一背景下,我国的幼儿园开始以园所为本位,建立课程教育理念的文化根基,这也成为四季课程的起点。

瑞士心理学家皮亚杰的发生认识论认为,幼儿发展是内外因相互作用的结果。人的认知发展需经历感知运动、前运算、具体运算、形式运算四个阶段,每个阶段均由人与环境的相互作用所引发,且各阶段体现了个体对环境适应方式的差异。皮亚杰的理论指出,智力行为即适应能力,环境是幼儿发展的重要因素。他认为,幼儿处于前运算阶段,难以接受抽象事物,加之其活泼好动、探索欲强的天性,使得环境的创设与变化不仅有助于幼儿行为的改变,还能激发其认知冲突,进而促进其认知发展。

陈鹤琴先生的“活教育”理论在我国教育界产生了深远影响。他主张“大自然、大社会都是活教材”。这一观点突破了传统教育模式,将自然和社会纳入课程体系,强调通过幼儿与自然的互动,获得直观、全面的知识和经验,注重课程的实践性和综合性。陈鹤琴认为,教育不应局限于课堂,而应延伸到大自然、大社会。通过实践活动,幼儿能将理论知识与实际操作相结合,提升实践能力和创新能力。

我们充分利用园内的自然资源优势,将“四时之景,庭院之趣”融入园本课程,使课程内容更加丰富多元。我们关注幼儿的自然生态、生活兴趣、情感需求等方面,旨在增强幼儿的环保意识,激发他们热爱自然、关注社会的情怀,培养幼儿全面发展的能力。小小庭院的四季变化,成为幼儿观察自然、探究自然的来源,“四时皆有景,万物皆有趣”也为四季课程的初步探索奠定了基础。

一、四时皆有景:遵循自然规律,培育幼儿生态意识

(一)春生:探索生命奥秘

春天,万物复苏,生机盎然。我们组织幼儿踏青、赏花、观察昆虫等户外活动,让幼儿在感受生命的蓬勃发展中,培养热爱大自然、珍惜生命的情感。

(二)夏长:体验农耕文化

夏天,绿意盎然,是农作物生长的黄金季节。我们结合农耕文化,组织幼儿

参与种植、浇水、施肥等农事活动,让幼儿在亲手体验农耕的辛勤与快乐中,感受种植的喜悦,培养幼儿勤劳、踏实的品质。

(三)秋收:感悟丰收喜悦

秋天,硕果累累,是收获的季节。我们组织幼儿参观农田、采摘果实,让幼儿在实践中了解农作物的生长过程,分享丰收的喜悦,培养幼儿珍惜劳动成果、分享美好事物的品质。

(四)冬藏:体验冰雪乐趣

冬天,白雪皑皑,是幼儿欢乐的季节。我们组织堆雪人、滑雪等户外活动,让幼儿在冰雪中感受冬日的快乐,培养幼儿勇敢、坚忍的品质。

二、万物皆有趣:关注幼儿兴趣,激发探索欲望

(一)生活篇:关注幼儿生活,培养自理能力

我们要关注幼儿的生活需求,引导幼儿学会自理,如自己穿衣、吃饭、洗漱等,让幼儿在生活实践中,培养独立、自主的品质。

(二)游戏篇:丰富游戏活动,培养幼儿想象力

游戏是幼儿的天性,幼儿园应提供丰富多样的游戏材料,如积木、布偶、画笔等,让幼儿在游戏中发挥想象力,创造属于自己的世界。

(三)探究篇:激发学习兴趣,培养幼儿探究能力

我们要关注幼儿的学习兴趣,引导幼儿探索未知领域,如开展科学实验、绘画、手工制作等活动,让幼儿在实践中培养探究能力。

(四)情感篇:培养幼儿良好情感,塑造健全人格

我们要关注幼儿的情感需求,引导幼儿学会关爱他人,如开展同伴互助、亲子活动等,让幼儿在情感交流中,培养善良、友爱的人格品质。

幼儿园四季课程的萌芽阶段恰逢长江路中心幼儿园课程的起步之初。我们高度关注幼儿的身心健康与个性发展,积极探索适合他们成长的教育模式。然而,当时的四季课程内容尚显简单,缺乏系统性和整体性。正是在这一阶段,教师们的辛勤探索与实践,为幼儿园课程的后续发展奠定了坚实的基础。

第二节 环境育人理念下的课程三层次与三融合

——四季课程的生长(2001—2019年)

在接下来的十几年里,我国幼儿园教育不断发展,实践经验日益丰富。长江路中心幼儿园也确立了"环境浸润,和谐成长"的办园理念,提出了环境育人理念下的四季课程的实践探索方向。"环境浸润,和谐成长"这一理念,主张营造一个自然、舒适、和谐的教育环境,让幼儿在愉快的氛围中茁壮成长。它强调环境对于幼儿成长的重要性,认为环境就如同土壤,可以为幼儿的成长提供充足的养分和支持。这也初步确立了四季课程的基本理念:以四季变化为线索,让幼儿在自然环境中主动学习,在社会环境中和谐成长,促进幼儿的全面发展。

一、强调四季课程中的"三层次联结"

这套课程的核心思想在于助力幼儿建立稳固且和谐的"三层次联结",即与自我联结,与自然联结,与社会联结。马克思的"人与环境"关系论、蒙台梭利的环境适应论、勃朗芬布伦纳的生态系统论,以及儒家思想和道家思想给予了四季课程坚实的理论支撑。

(一)四季课程中"三层次联结"核心思想的理论支撑

1.从马克思的"人与环境"关系论来看

人与环境具有双向互动性,实践是改变人与环境的根本活动。马克思曾深刻地指出:"人创造环境,同样环境也创造人。"这句话揭示了一个人在成长过程中,会不断地与周围的环境互动,从环境中获取资源、信息和能量,以此来丰富自己的认知,拓展自己的能力。人在适应环境的过程中,也会逐渐形成自己的世界观、人生观和价值观,从而影响自己的行为和选择。

2.从蒙台梭利的环境适应论视角来看

我们应遵循幼儿成长的自然法则,以幼儿发展为中心,让幼儿在预备好的环境中自主学习。蒙台梭利将环境列为教育的第一要素,把环境称为养育幼儿的地方,并以"人的大脑"作比喻来强调环境对幼儿发展的重要性。她认为教育的任务在于提供一个环境,这个环境是具有促进幼儿聚精会神的最有利的外部条件。印度两个狼孩的故事说明,万物都有自己的季节特性,错过这个季节就很难补救与改善了。

3. 从勃朗芬布伦纳的生态系统论来看

幼儿园课程与社会文化有着密切的联系。这一理论将人的行为和发展放置于一个相互联系、相互影响和相互作用的稳定的生态系统之中。勃朗芬布伦纳认为不存在一种最好的能适应不同文化背景中所有幼儿的教育，而各种不同教育能很好地适合不同文化背景中的幼儿，教育价值取向在很大程度上取决于社会文化。

4. 从儒家思想和道家思想来看

儒家思想的"重人群之和"和道家思想的"重自然之谐"的文化特色，积淀着中华民族一脉相承的精神脉络和最深层的精神追求。《周易》中王夫之把太和解释为和之至，它既是包含社会（人和人之间）的和谐，也应该是包括人和自然的和谐，还包含人自身的和谐。道家思想认为，人应该顺应自然之道，追求内心的平衡与和谐。个人修行的重点在于修炼自己的内在，发挥自己的潜力，超越自己的局限，实现自我完善和提高。个人修行可以通过养身、养性、养神来实现。《荀子·天论》中提到："万物各得其和以生，各得其养以成。"这句话揭示了自然界和谐共生的法则，包括了自然之"和"与人群之"和"。《孟母三迁》的故事启发我们要重视教育环境的选择、家庭教育的作用以及教育的持续性和个性化。

（二）四季课程中"三层次联结"的内涵

1. 与自我联结是指幼儿对自己的认识、接纳和尊重

与自我联结是自我价值感的来源，也是个人成长的第一步。通过自我联结，幼儿能够发现自己的优点和不足，学会自我调节和自我激励，形成独立、自信、自强的品格。四季课程通过引导幼儿进行自我分析、设定目标、发挥潜能等方式，帮助幼儿建立稳固的自我联结。

2. 与自然联结是指幼儿与自然环境、生态系统的互动与认知

现代社会，很多幼儿生活在钢筋水泥建成的城市中，与自然的接触越来越少，幼儿"自然缺失症"现象日趋明显，因而与自然的联结对于幼儿的身心发展具有重要意义。它可以帮助幼儿树立绿色环保的意识，培养热爱生活的情感，提高审美能力，锻炼观察和思考能力。为了实现这一目标，四季课程设计了丰富多样的户外活动、实地考察和科普教育，让幼儿亲身感受大自然的神奇与美丽。

3. 与社会联结是指幼儿与他人、社会团体、国家和民族的关系

良好的人际关系和社会责任感是幼儿未来成功的关键。通过与社会各界的

互动,幼儿学会沟通、合作、分享和承担,形成包容、尊重、友善的价值观。四季课程注重培养幼儿的社会意识,通过组织自我服务、公益劳动等,让幼儿亲身体验社会的多样性。

二、 注重四季课程的融合探究

四季课程致力于打造一种"生活 + 经验 + 行动"的三融合探究学习模式,这种教育模式充分体现了以人为本、注重实践、促进幼儿全面发展的教育思想。

(一)四季课程中"三融合探究"方式的指导思想

1.陈鹤琴先生在"活教育"理论体系中突出一个"活"字、一个"做"字,使幼儿处于主动学习的地位

"活教育"课程论的一个重要原则就是"从生活出发",重视生活,"生活即教育"。在方法论中提出的"做中学,做中教,做中求进步"与《3～6岁儿童学习与发展指南》中提出的"直接感知—实际操作—亲身体验"恰相吻合。陈鹤琴先生提出:"凡是儿童自己能够做的,应当让他自己去做;凡是儿童自己能够想的,应当让他自己去想。"因此,我们要以主动代替被动,以启发代替灌输。("活教育"17条教育原则见表1-1)

表1-1　陈鹤琴对"活教育"提出的17条教育原则

1	凡是儿童自己能够做的,应当让他自己去做	7	比较教学法	13	教学游戏化
2	凡是儿童自己能够想的,应当让他自己去想	8	用比赛的方法来增进学习的效率	14	教学故事化
3	你要儿童怎样做,就应当教儿童怎样学	9	积极的暗示胜于消极的命令	15	教师教教师
4	鼓励儿童去发现他自己的世界	10	替代教学法	16	儿童教儿童
5	积极的鼓励胜于消极的制裁	11	注意环境,利用环境	17	精密观察
6	大自然、大社会是我们的活教材	12	分组学习,共同研究		

2.卢梭主张自由发展和自我实现的重要性

卢梭强调教育的终极目标是培养幼儿成为具有独立思考能力和自主决策能力的人,而不仅仅是被动地接受他人的指导和规范。这一观点对于现代教育的发展具有重要的启示意义。在现代社会中,创造力、批判思维和自主学习等能力

被广泛认为是成功的关键要素。他主张让幼儿亲身参与和体验,通过观察、实践和感知来培养他们的智力、感知能力和创造力。这一观点对于推崇体验式学习和实践教育的现代教育有着重要影响。

(二)四季课程"三融合探究"的关键要素

1. 生活方面:需要树立"师幼共同生活"的理念

教师不仅照护幼儿的生活,还参与幼儿的生活,与幼儿共同生活,在此过程中理解幼儿的生活需求,发现幼儿生活中的趣味,并将这种理解融入教育实践中。共同生活意味着教师要感受幼儿的心灵,向幼儿学习,让幼儿成为课程的重要决策者之一。四季课程以生活为中心点,建立以"豆宝的四季生活"为主脉络的主题活动,主要体现在四个方面:一是发现生活中的事物和资源;二是要努力让幼儿去解决生活中的问题和挑战;三是要利用生活中的机遇和条件,如交往的机遇、操作的机遇等,需要我们去充分把握和有效利用;四是形成生活中的习惯和规则。

2. 经验方面:幼儿的学习过程就是经验的建构过程

经验源于环境和感官的相互作用,幼儿在这样的互动中首先获得了宝贵的直接经验,这是人生的基本经验,也是幼儿思维的基础,幼儿的自然生长离不开直接经验的获得。四季课程支持幼儿通过观察、操作、亲身体验的方式获得经验,通过提供不同情境的方式来支持幼儿对于经验的应用和巩固。长江路中心幼儿园开展"豆宝趣游学"活动,利用社区及周边资源,将教学环境转换到充满问题与挑战、生活化的情境中来,支持幼儿在与其互动中实现经验生长。与此同时,豆宝小院里一年一度的"春日农耕忙、夏日海滩乐、秋日集市喜、冬日庙会浓"等活动,整合幼儿身边的各种资源,建构有利于幼儿与同伴、成人、周围环境产生联结的互动交往圈。我们积极运用"大带小""混龄游戏""四季节"等方式,支持幼儿在与异龄伙伴、同龄伙伴、跨班教师和家长的交往中,引发学习行为。

3. 行动方面:注重以行动为立足点的教育方式

"行为"其实就是幼儿的"做"或是"实践",以行动为中心就是以"做"为中心。四季课程中以幼儿真实地体验中华优秀传统文化的二十四节气、礼节礼仪等作为课程内容的来源,运用学习活动、游戏活动、生活活动、游学活动以及特色活动的路径来进行课程组织。支持幼儿从行动中获得真知识,在行动中发现真问题,在行动中收获成功,掌握真实地驾驭环境的能力。如扫地、收纳、帮厨、养鸡、养蚕、种植等,都让幼儿参与实际行动。但四季课程中的行动不限于"劳力",也注重在有一定挑战的活动中达到"劳心"的效果,在行动中发现劳动中的智慧,发展创造性思维,最终实现幼儿的经验生长。

第三节　全环境育人理念融入课程

——四季课程的再生与完善(2020年至今)

在过去的二十多年里,我们在四季课程的构建与实施过程中,更多地在思考两个核心问题:一是我们要做什么,二是我们如何去做。随着四季课程的不断发展,我们的思考方向发生了深刻的转变。如今,我们更加关注为什么要去做,即为谁培养人、培养什么样的人、怎样培养人的问题。在此基础上,我们重新审视和建构想要实现的目标,以及应采取何种方式去实现这些目标。

一、全环境立德树人思想为幼儿园课程建构提供了新的理念和方法

中共中央、国务院印发的《关于学前教育深化改革规范发展的若干意见》中强调,新时代的学前教育必须基于立德树人这一教育的根本任务,遵循幼儿发展与学前教育理论的规律与内涵,树立科学保教理念,为培养德智体美劳全面发展的社会主义建设者和接班人奠定坚实基础。在学前教育阶段,课程不仅仅是为幼儿提供认知经验与能力,更重要的是在幼儿全面发展的基础上,引导和培养幼儿的胜任力,使他们能够融入社会,承担社会工作,遵循社会道德规范,成为具备良好道德品质与能力的全面发展的人。

(一)立德树人在哲学层面上被认为"道承载一切,德昭示道的一切"

"德"源于甲骨文,其本义为顺应自然、社会和人类客观需要,在不违背自然规律的前提下发展和提升自己,服务社会。"立德"一词源于《左传》:"太上有立德,其次有立功,其次有立言,虽久不废,此之谓不朽。"《现代汉语词典》增"建立"之义,进而将"立德"释为"树立圣人之德"。"树人"一词源于《管子》:"一年之计,莫如树谷;十年之计,莫如树木;终身之计,莫如树人。"管子认为,重视人才,培养人才,是一切有远见卓识的政治家、教育家的共识,这形象生动地强调了人才培养的重要性。"道"是意识层面的内容,人们通过思维去认识和感知;"德"是"道"的具体呈现,是人们能看到的并通过感知后所表现的行为。

（二）"立德树人"理念是对我国传统教育思想的传承与发展，更是中国特色社会主义教育的根本体现与本质要求

党的二十大报告部署了科教兴国战略，办好人民满意的教育就要培养全面发展的社会主义建设者和接班人。这就需要提供更加适合师幼发展需求的教育内容和形式，并在教育环境和实践运用中进行优化。中国教育体制改革进入了由规模扩张转向高质量发展的新阶段。在此背景下，2023 年山东省提出的"全环境立德树人"理念，强调在立德树人过程中教育的全面性和环境的重要性，具有生动的指导与实践意义。全环境立德树人是一种全方位、全过程、全员育人环境的教育理念和方法，是教育与环境的有机统一，既强调多方参与、联动配合的育人工作格局，又强调环境对幼儿的影响。人们都在追求如何提供更全面的教育机会、如何促进个人的发展，这意味着教育者应站在走向未来的新起点上，确定园所发展方向，促进幼儿全面发展。

（三）作为全面发展理论的首要要素，"德"的养成与发展是幼儿全面发展的动力与基础

"德"作为全面发展理论的核心要素，是幼儿全面发展的基石和动力。学生发展核心素养体系将学生的品格与关键能力细化为具体指标，明确回答了"立何德、育何人"的根本问题。这一体系不仅为教师在教育教学实践中设计教学活动提供了明确指导，还从理论与方法上引领了幼儿园课程改革，优化了幼儿园育人模式。例如，《3 ～ 6 岁儿童学习与发展指南》中的五大领域、32 个学习与发展目标和具体要求，全面而具体地体现了核心素养在幼儿阶段的表现，涵盖了其三维度、六要素、十八个基本点。"立德树人"是幼儿园教育工作的基本前提，它强调了德育的重要性和基础性，同时也指出了德育与其他教育形式融合的必要性。这一思想应成为幼儿园教育始终坚守的核心理念。

二、将全环境育人理念融入四季课程，彰显育人品质

课程文化是一个对课程进行全方位透析和全面关注的视角，也是一个浸润于整个课程之中的关键元素。课程文化的完善、更新和发展是课程不断发展的不可缺少的动力。我们沿着"了解园史→寻根觅源→架构设计→文化提炼→文化外显"路径对本园原有文化进行重新审视，思考在"全环境立德树人"教育背景下"四季课程想实施什么样的教育？培育什么样的幼儿？"等核心问题，做好文化建设上的理性思辨，从而在文化浸润中促进四季课程的可持续发展。

（一）以育人为本树立根基，让环境成为理念的形象化表达

我们进一步确立了"小种子大环境，每个豆豆都不同"的教育理念。走进长江路中心幼儿园的大厅，迎面墙壁上呈现出春、夏、秋、冬的浮雕，小豆宝（种子）穿梭在四季中，各自做着自己喜欢的事情。这无声地映射出"小种子大环境，每个豆豆都不同"的教育理念，也寓意着幼儿、教师的发展就像小种子，在四季轮回的大环境中所呈现出来的一种积极向上、快乐自主的待成长的生命状态。

1.小种子：遵循规律，追随幼儿

美国的幼儿心理学家格赛尔指出，幼儿成熟之前，处于学习的准备状态，只要准备好了，学习就发生了。而在准备之前，成人应给予幼儿适宜的关爱、适宜的引导，等待幼儿达到对新的学习产生接受能力的水平。我们选用"小种子"这一形象，并给小种子起名为小豆宝，这表达和传递着每一个幼儿、每一位教师都是一种待成长的生命状态的精神思想，象征着四季课程秉承"全环境育人"的思想，尊重小种子向下扎根、向上生长的自然成长到成熟的发展规律。

2. 大环境:遵循本真,适宜为好

美国幼儿教育协会提出了"发展适宜性教育"理念,迄今为止,已经发表了四个版本的《发展适宜性教育立场声明》,陆续形成了"年龄适宜性、个体适宜性及社会和文化适宜性"的基本体系。通俗地说,就是"因时制宜,因人制宜,因地制宜"。第四版《发展适宜性教育立场声明》把"发展适宜性教育"明确定义为一种"方法",即"以优势和游戏为基础,让婴幼儿生动活泼地主动学习以促进每一个幼儿最佳发展与学习的方法"。教育部在 2022 年 2 月颁布的《幼儿园保育教育质量评估指南》中,也向幼儿园明确提出"积极创设丰富适宜、富有童趣、有利于支持幼儿学习探索的教育环境"的要求。在四季课程的问题上我们始终相信这样一句话——"没有最好的,只有最适合的"。四季课程让本真赋予课程探究生命成长之灵性,使课程成为幼儿的一段探索之旅、一组成长风景、奠基幸福一生的开始。

每个豆豆都不同:遵循个性,顺性而育。正如朱家雄教授所言"教育如同种植",对每一个幼儿来说,发展都是特殊的、有差异的。四季课程的核心价值是让每一个幼儿有机会发现自己的力量,做自己喜欢的事。现在的四季课程不在于固守整齐划一的课程模式,不在于参与人数的多少,而在于它是否有持续的吸引力,能不断让更多的人参与。保持这种吸引力,不仅需要幼儿园教师尊重每一个幼儿的学习兴趣和特点,提供持续的支持,还要能从"激发所有幼儿的兴趣"到"支持每一个幼儿个性化参与",采用生活化、游戏化的方式与幼儿一起学习。我们应该让课程向着探究度更深、兴趣度更大的方向发展,让幼儿的学习看得见,才能让课程的影响在幼儿身上看得见!

(二)赋能环境生命力,让四季课程与环境相得益彰

四季课程倡导"相信每一颗种子的力量",支持每一个幼儿以最适宜的方式成为最好的自己,鼓励幼儿成为环境的主人。我们建构了自然而富有挑战性的"嗨! 庭院"户外畅玩环境,打造了"豆宝 vlog"室内互动环境,营造了"幸福豆荚(家)"家园德育环境,这不仅为园本课程的实施奠定了良好的环境基础,还更好地把四季课程理念真正落实到行动上。

1. 豆宝小院改造记,打造"嗨! 庭院"户外游戏场

每一个幼儿生而具有"亲自然"的本性,我们成人给予的也许并不是幼儿所需要的,幼儿需要的户外环境是什么样子的呢?在"以幼儿为本"教育理念的引领下,我们转换视角,遵循幼儿成长规律,倾听幼儿的想法,开展了"豆宝小院改造记"。小豆宝说"我希望小院里有能跑上跑下的地方""有可以捉迷藏的山洞""有像游乐场那样很刺激的玩具"……原来的户外场地自然风景是一大亮点,但地势平坦,缺少趣味性和挑战性,缺少幼儿与户外环境的多维互动空间。我们遵循幼儿的意愿,打造了自然、生态、野趣、丰富的"嗨!庭院"室内外环境,如豆宝小院、爱豆萌宠园、青豆小菜园、巧豆木工坊等游戏场域,满足了幼儿自主游戏、深度探究的活动体验。

这里有绿色庭院、绿地草坪、奇花异石、土坡幽洞……幼儿在草坪上开起"野炊",有人备菜,有人掌勺,有人送外卖;不远处,有幼儿爬树、采草种子、抓虫子、捏泥人……教师在一旁静静观察,适时引导,不时记录精彩瞬间。这里的每个小豆宝都在自然情景中做喜欢的事,做有一定挑战的事,做能引发更大热情的事。

2. "豆宝 vlog"互动墙,营造多元对话的室内环境

幼儿园的环境创设不仅是指从幼儿的视角理解他们的想法,还需要给幼儿真实的表达与创造的机会,帮助他们将想象变成现实。幼儿在与环境的互动中不断生成新的学习,与此同时,课程也会生成新的环境。课程实施需要某种特定环境的支持,而课程开展的过程与结果也会促进环境的改变。在这里,我们把室内环境的创设空间留给幼儿,创建了"豆宝 vlog"互动墙,等待幼儿一点一点地去填满,分享幼儿生活、游戏、经历、探究等成长故事。

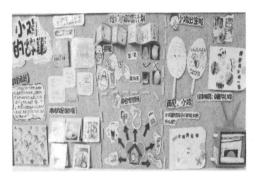

3. "幸福豆荚（家）"成长营，建构全环境立德树人生态圈

课程基于"润心—养德—育人"的德育路径，从"豆宝"一生发展的广阔视角，创建"幸福豆荚（家）"成长营，以"豆宝养成记"为成长主线，将德育融入四季课程中，开展"大带小伙伴日""豆荚（家）志愿服务日""小蜜蜂劳动日""豆宝爱心行动""诚信借阅"等活动，旨在通过多形式、多载体、全方位渗透的方式传承美德，让美德教育浸润在"小豆宝"的心田，如同阳光、雨露和肥料，滋养着幼儿的心灵，助力幼儿身心全面和谐成长。

第二章 »»

建构完善四季课程体系

在四季课程实施的过程中,我们确立了明确的课程目标,不断完善课程实施内容,建构课程评价体系,在"研究—实践—反思—再实践"的循环往复过程中,形成较为完善的四季课程体系。

第一节 四季课程的定义及目标

一、四季课程的定义

四季课程以时间为轴,以生活为半径,利用大自然这本"活教材"创造的条件,将春耕、夏长、秋收、冬藏作为课程四大主题,将一年四季中随季节而变化的自然界和人类社会生活的内容作为教育内容,以促进幼儿主动学习为价值取向,将生活态度、文化传承、品德启蒙、文明生态相融合,形成一套凸显季节性、整合性、灵活性的园本课程体系。

幼儿园里的一年四季,大自然的一草一木、一花一石都对幼儿有着莫大的吸引力,对他们来说有着不同的乐趣和探索的意义。在这里每一个季节都有幼儿喜爱的东西,包括喂养的芦丁鸡、小仓鼠、垂耳兔、白玉蜗牛,还有小树林里的雨后泥塘、沙水,庭院的落叶、石榴、葡萄、柿子……哪怕是一颗普通的石子,都是他们的宝贝。四季课程践行"天命之谓性,率性之谓道,修道之谓教"的哲学思想,以自然、节气、节庆为载体,以观察、探究、游戏为手段,浸润自然、人文、艺术、生活的精华,用美、善、真、思涵养幼儿的生活之道、生存之道、生命之道。换言之,四季教育的内涵体现在以下三个方面:

（一）直接感知自然界变化是幼儿适应生活的重要途径和手段

幼儿对生活的适应能力首先是从对不同季节气候变化的适应开始的。起初，这种适应可以通过幼儿自己的身体在遇到环境变化时的自发反应或成人的保护来调节。但随着年龄的增长，幼儿更需要通过不断的学习来提高自身对环境的适应能力和自我保护能力。幼儿正是从与季节变化相关的教育中，获得了有关季节与疾病、季节与自我保护、季节与饮食、季节与服装、季节与运动等方面的知识和技能。当幼儿学会了如何根据环境的变化来调节自己的身心时，便逐渐成了环境适应的主人。

（二）欣赏和表现季节变化中的自然美是幼儿美育的重要内容

自然界在四季更迭轮回中向人类展现了无尽的美，可以起到塑造幼儿美好心灵的作用。幼儿天生具有对美的向往和追求，他们的审美心理结构涵盖了审美感知、审美理解、审美遐想和审美创造等多元化层面。面对自然之美的千变万化，幼儿总是怀揣着欣赏之情，甚至流露出钦佩之意。正因为如此，无论是春日的嫩绿青草、绚烂花朵，还是夏日的炎炎烈日；无论是秋天的累累硕果，还是冬日的纷纷飘雪，四季之美均能有效激发幼儿对大自然的亲近、热爱和保护之情。将感知、理解与想象三者融为一体的欣赏活动，构成了四季课程中美育的核心内容。这不仅是对真实自然景象的直观感受，还是对描绘、展现四季风光的文学作品、音乐及美术作品的深度品味。

在表达自然美的方式上，幼儿同样展现出了丰富多样的创造力。根据他们的年龄特点和兴趣爱好，我们创造出了《四季诗歌纪念册》《四季材料自选库》《四季主题故事墙》等多种形式的艺术作品，这些作品以绘画、舞蹈、装扮等多种手法呈现，充分展示了幼儿对四季之美的独特理解和感受。

（三）了解和体验生活是感受并传承传统文化的关键途径

中国的二十四节气被誉为"中国第五大发明"，并已荣登联合国教科文组织人类非物质文化遗产的宝座。它是中国人通过观察太阳运动，总结出的一年中时令、气候、物候变化规律的知识体系和实践智慧，不仅是中国的独特创造，更是世界天文史上的重要里程碑。这些节气所蕴含的生活美学和智慧，即便穿越千年的时光，仍显露出历久弥新的光彩。自2020年起，我们幼儿园便结合二十四节气开展了一系列既传承经典又贴近幼儿生活的四季体验课程。

1.将二十四节气与主题课程完美融合,体验农耕文化

春耕秋收、夏避暑冬取暖,这些都是大自然赋予我们的生活规律。通过民间流传的故事、传说和谚语,幼儿能够深入了解我国劳动人民长期积累的生活和生产经验。

2.将二十四节气与日常生活紧密联系,渗透品德教育

通过节气活动,幼儿亲身参与生活劳动,从而激发他们的劳动热情,培养他们的劳动自信心,同时也加强了亲子间的情感联系。例如,在讲述季节与饮食的关系时,我们会介绍西海岸新区丰富的海洋资源和山珍美味如何在不同季节中应时而生,如春天的海虹、秋天的菊花蟹以及冬季的海货甜晒等。

3.将二十四节气与亲子社会实践无缝对接,润泽幼儿心灵

如立冬节气,我们结合"寒风中的人"教育活动,结合节气特点开展"我为环卫工人送温暖"社会实践活动。在冬季,亲子社团开展小雪腌菜、大雪腌肉、冬至吃七彩饺子等活动,"园家社"一起其乐融融,共同感受着生活的美好。

二、四季课程的目标

四季课程旨在立足生活,培养亲近自然、融入社会、爱(乐)生活、崇尚美德的具有现代中国人品质的幼儿。为了让幼儿在成长过程中充分体验到自然、社会、生活和美德的魅力,我们的课程体系设计了四个方面的培养目标。

(一)认识自然,培养幼儿的文明生态意识和创新思维

我们积极引导幼儿接触自然,认识自然,观察动植物的生长变化,体验四季的更迭,学会尊重生命,爱护环境,培养文明生态意识。组织幼儿进行自然观察记录,记录自己观察到的自然现象,并尝试用自己的语言进行描述。鼓励幼儿进行自然主题的绘画、手工制作等活动,让他们用自己的方式表达对自然的理解和感受,培养他们的环保意识和社会责任感,为他们的全面发展打下坚实的基础。

(二)体验生活,促进幼儿良好行为习惯的建立和养成

我们通过让幼儿亲身体验生活,直观地理解各种社会行为,养成良好的行为习惯,为他们的未来生活奠定坚实的基础。例如,我们可以通过组织幼儿参与各种社会实践活动,如社区服务、环保活动等,让幼儿在实际体验中学会如何尊重他人、遵守规则,明白自己的行为会对他人和社会产生何种影响,从而学会为自己的行为负责。此外,我们还可以通过模拟生活场景,让幼儿在游戏中学习并形

成良好的行为习惯。例如,我们设立一个小型的社区,让幼儿在其中扮演各种角色,如医生、警察、教师等。通过这种方式,幼儿可以在游戏中学习尊重他人、遵守社会规则、关心他人等重要的社会行为。

(三)品德启蒙,培养幼儿积极乐观的生活态度和方式

幼儿的发展既有以年龄为特点的共性,也有以个体为依据的个性,本课程目标既面向全体幼儿,同时还要考虑幼儿发展的个别差异。我们积极打造幼儿园、家庭、社会、网络、心理各场域良性互动的全环境育人生态圈,让幼儿在品德启蒙中,悦纳自己,真实表达,善待他人,友爱相处,发展自信和自尊,获得安全感和信任感,基本形成认同感和归属感,有发自内心的幸福感。

(四)文化传承,提升幼儿文化认同,建立文化自信

我们鼓励幼儿接触和学习中华优秀传统文化,如中国的诗词、节气、美食、习俗等,让幼儿了解并欣赏中华优秀传统文化的魅力,培养幼儿对中华优秀传统文化的热爱和尊重。通过故事、游戏等方式,幼儿可以更好地理解和接受中华优秀传统文化,从而培养幼儿的文化认同感和自信心。家园协同传承和弘扬中华优秀传统文化,为幼儿树立良好的榜样。文化传承是建立幼儿文化认同和自信的重要途径。

第二节　四季课程的特点

四季课程坚持"小种子大环境,每个豆豆都不同"的教育理念,让幼儿回归到真实的生活环境中,通过直接感知、实际操作、亲身体验的方式去亲近自然、融入社会,从而热爱生活,崇尚美德。在核心理念引领下的四季课程呈现出以下特点。

一、季节性与综合性

四季课程巧妙地凸显了季节性与综合性的特点。幼儿在融入自然中,深入地探索自然世界的奥秘,增强学习体验。春季,幼儿可以在户外观察植物从种子发芽到绿叶茂盛的过程,感受大地的温暖和生命的活力。夏季,幼儿可以参与各种户外运动,如徒步、露营和野外考察等活动,这样不仅锻炼了幼儿的身体素质,还培养了他们的团队合作和解决问题的能力。秋季,则侧重于收获和感恩,幼儿可以参与农作物的收割,体验劳动的辛苦和收获的喜悦。冬季,幼儿可以制作

冬季美食、编织毛衣等,感受家的温暖和亲情的力量。四季课程通过融入自然和注重季节变化,为幼儿提供了全方位、多角度的学习体验,促进了他们身心健康发展。

二、体验式学习

四季课程倡导"生活＋经验＋行动"的三融合体验式学习方式,旨在体现以人为本、实践导向的教育思想,促进幼儿全面发展。该课程鼓励开展以幼儿问题为导向的探究活动,引导幼儿围绕核心问题展开思考,并大胆表达观点。同时,支持幼儿通过自主探究、实际操作、区角互动或寻求成人帮助等方式,寻求问题的答案。课程中创设了多样情境,提供了丰富的材料,引导幼儿开展研学活动,充分打开五感,通过观察、实验、探索等活动形式,探索未知世界。这种体验式学习方式有助于幼儿将理论知识与实际操作相结合,提升综合能力。

三、传统文化融入

四季课程紧扣立德树人的根本要求,坚持以人为本,遵循幼儿身心发展及教育规律,着重传承与发展中华优秀传统文化。将核心素养研究深植于中华民族丰富的文化历史之中,旨在帮助幼儿深入了解南北地域差异、汉族与少数民族的文化多元性,以及中国优秀传统文化与外国文化的交融与碰撞。通过这一过程,培养幼儿的文化认同感,提升其文化素养。我们强调将文化理念内化于心,外化于行,以此推动四季课程文化的拓展与深化,实现课程品质的稳步提升。

(一)浸润生活

幼儿园课程生活化是四季课程回归幼儿生活思想的具体体现,关注幼儿的生活,关注幼儿感兴趣的生活,它从生活中来,并在生活中展开,也将在生活中结束。四季课程内容中的事物都是幼儿活动的重要对象,生活能给幼儿带来乐趣、挑战,培养幼儿的专注力,丰富幼儿的经验。既适合幼儿的现有水平,又有一定的挑战性;既贴近幼儿的生活,又有助于拓宽幼儿的经验和视野。

(二)多域整合

四季课程不仅是课程内容的整合,还是一种整合理念下的课程目标、内容、实施和评价等各种课程要素综合作用的课程样态。注重领域之间、目标之间、组织形式之间的相互渗透和整合,形成以思考为纽带的综合行动结构,以经验获得为过程和目的的动态结构,促进幼儿身心全面协调发展,形成跨学科的思维方式和能力,而不是片面追求某一方面或几个方面的发展。此外,课程的多样性还体现在课程资源的形式和类型上,如基于地方特色的四季课程"一公里"资源库是通过充分考虑地方文化中的各项文化因素以及幼儿的学习与发展需要,并通过一定的筛选和加工来建构的,容易被幼儿和教师直接应用到相应的活动中去。

第三节　四季课程的内容

一、开发四季课程内容遵循的原则

在幼儿教育活动中,内容开发至关重要,它直接影响着幼儿的学习与发展。在制定幼儿教育内容时,我们主要遵循以下原则。

(一)动态发展原则

四季课程充分体现了动态发展原则,它强调课程内容不是固定不变的,而是需要根据幼儿的兴趣转移、需求变化以及教学效果等进行适时调整和再生成。这样既能保证课程的实时性、针对性,又能更好地满足幼儿的个性化发展需求。其每个主题活动都包含"幼儿思维地图"(预设前)和"探究思维图示"(实施后)。"幼儿思维地图"是在活动预设阶段,教师根据幼儿的年龄特点、兴趣爱好、认知水平等因素,让幼儿进行手绘完成的。它有助于引导幼儿在活动中形成系统化、结构化的思维方式。"探究思维图示"则是在活动实施后,教师根据幼儿的实际表现和需求调整课程内容的动态记录。这个过程体现了教师对幼儿主体地位的尊重,以及对幼儿需求变化的敏锐把握。通过"探究思维图示",教师可以更好地挖掘课程生成点的内涵价值,为幼儿提供更有意义的学习体验。动态发展原则在幼儿教育课程中的应用,有助于实现课程与幼儿需求的实时匹配,促进幼儿的个性化发展。

(二)适宜性原则

适宜性是开发四季课程的根本原则。其主要体现在三个方面:一是遵循3～6岁幼儿的年龄特点和发展规律,充分考虑幼儿的认知、情感、行为等方面的发展需求,确保活动的内容和形式能够吸引他们,激发他们的学习兴趣;二是与幼儿的兴趣、爱好相结合,使幼儿在愉快的氛围中主动学习,提高教育的实效;三是与幼儿的已有生活经验、学习经验相联系。我们在开发四季课程时,应注重联系幼儿的生活实际,使幼儿的学习"源于生活,回归生活"。

四季课程在内容的组织形式上,还巧妙地将"主题""项目"和"个性化"三个元素有机地结合在一起,形成了"三位一体"的组织架构。这个架构中的各个部分相互补充、相互促进,共同致力于幼儿全面、均衡、个性化的发展。主题是课程内容的灵魂,它为幼儿提供了一个宏观的认知框架,帮助他们把握学习的核心概念。项目则是主题的具体化,通过一系列有针对性的活动,让幼儿在实践中探索、发现、成长。个性化则关注每一个幼儿的独特性,尊重他们的兴趣和特长,激发他们主动学习的动力。主题和项目之间密切联系,项目是对主题的深入挖掘和拓展,项目也能充分体现幼儿的个性化需求,使幼儿能够在探究学习过程中找到自己的兴趣所在。这种相互补充的关系有助于幼儿在知识、技能、情感、态度等多方面得到全面发展。

(三)本土化原则

课程只有扎根本土,才能焕发无穷的生命力。我们在课程内容中融入青岛西海岸新区元素和青岛文化元素,充分体现了课程内容的本土化。这不仅使得课程更具"在地感",也使幼儿在学习过程中更加亲切感受到家乡的独特魅力,从而激发幼儿的学习兴趣和热爱家乡的情感。如主题活动"地铁来了""贝壳博物馆""美丽的金沙滩"等内容,融入青岛西海岸新区元素,建立了丰富的"新区研学资源",使幼儿可以更好地了解新区的发展历程、地理环境、民俗文化等方面的知识,感受到家乡的"季节美""节庆美""民俗美",进一步增强对家乡的认同感和自豪感,有助于传承和弘扬本土文化。

二、四季课程的内容组成

四季课程主要由"豆宝探四季"自然系主题、"豆宝走四季"社会性主题、"豆宝寻节气"传统文化主题、"豆宝爱生活"实践性主题组成,为幼儿提供了全面、丰富、立体的学习环境。

(一)"豆宝探四季"主题系列:亲近自然

"豆宝探四季"自然系列主题是课程的重要组成部分。在青岛西海岸新区,四季分明,每个季节都有其独特的景色和魅力。

1.四季美如画的西海岸

本园所处的地理位置是温带海洋性季风气候。春日百花烂漫,夏日十里槐香,秋日金黄灿烂,冬日素裹银装,"高颜值"的春夏秋冬,四季美如画的西海岸,演绎着对生活、对自然的感动。唐岛湾公园的植物、昆虫和鸟禽在季节变换中演绎着二十四节气更迭。春季,大珠山浪漫山花招蜂引蝶;夏季,落大潮的海滩中穿梭着挖蛤蜊、引蛏子、抓螃蟹、拾海星、敲海蛎子的赶海人;秋季,张家楼的枫树林层林尽染;冬季,藏马山滑雪场里欢声笑语……得天独厚的自然生态资源为本园的四季课程提供了丰富的教育元素。

2.四季成趣的豆宝小院

幼儿园有60多种植物(见表2-1),其中观赏树类151株,果树类29株,花卉类108株,草本类若干,种植类若干。树木经过多年的孕育已是枝繁叶茂,四季更迭中草本植物应时萌发;西瓜虫、蚯蚓、蝉、蚂蚱、蚂蚁、螳螂、蟋蟀等各种昆虫应时出动;燕子筑巢,白头翁、麻雀、喜鹊欢鸣雀跃,为幼儿园增添了勃勃生机。足不出园的自然环境为幼儿"玩中学,做中学"提供了得天独厚的自然实践大课堂。

表2-1　"四季庭院"的植物朋友

观赏树	数量/株	观赏树	数量/株	果树	数量/株	花卉	数量/株	草本	数量/株
白玉兰	8	春梅	1	柿树	3	凌霄	3	野草莓	若干
黄玉兰	2	桂花树	12	石榴树	6	蔷薇	12	蒲公英	若干

观赏树	数量/株	观赏树	数量/株	果树	数量/株	花卉	数量/株	草本	数量/株
粉玉兰	4	连翘	4	杏树	1	杜鹃	10	草	若干
紫玉兰	8	枫树	5	葡萄	4	牡丹	8	荠菜	若干
紫荆	2	虎杖	3	山楂树	3	芍药	3	狗尾草	若干
女贞树	1	垂柳	2	樱桃树	3	菊花	10	苦菜	若干
苦楝树	2	松树	5	苹果树	1	月季	9	野蘑菇	若干
单樱	8	竹子	12	桃树	2	荷花(睡莲)	6	三叶草	若干
双樱	2	银杏	5	无花果树	2	水葫芦	4	薄荷	若干
百日红	9	芙蓉树	2	板栗树	1	迎春花	2	马齿苋	若干
松柏	19	橡树	1	桑葚树	—	连翘花	2	艾草	若干
耐冬	2	冬青树	12	李子树	2	向日葵	30	紫苏	若干
幸福树	2	—	—	—	—	绣球	8	驱蚊草	若干
龙爪槐	13	—	—	—	—	—	—	含羞草	若干
香椿树	1	—	—	—	—	—	—	败酱草	若干
栾树	4	—	—	—	—	—	—	野木儿	若干
合计	151			29		108		若干	

在这个主题中,幼儿走进大自然,观察四季变化,了解季节性现象对动植物及人类生活的影响。通过亲身实践,幼儿感受到春天的生机、夏天的炎热、秋天的丰收和冬天的严寒,从而培养他们尊重自然、珍惜资源的环保意识。

春季主题着重培养幼儿对生命的热爱和尊重。在春暖花开的季节,幼儿感受植物的生长过程,观察昆虫和动物的生活习惯,了解春天的农耕文化,从而体会到生命的可贵和大自然的神奇。该主题预设和生成了《春天里的小花园》《蜗牛日记》等主题活动。

夏季主题则着重培养幼儿的勇敢和坚韧。在炎炎夏日,幼儿开展的"泡泡趴""水枪大战""沙水世界"等活动,丰富了他们的夏日生活。同时,他们还学习夏季的传统节日和文化,感受中华优秀传统文化的丰富底蕴。该主题生成了《水帘洞》《超级大桥建造记》等主题游戏活动。

秋季主题旨在培养幼儿的感恩和珍惜粮食的意识。在这个收获的季节,幼儿学习农作物的种植与收获知识,了解农民劳动的艰辛,开展的"秋日集市"也使他们体会到粮食的来之不易,从而培养节约粮食的意识。此外,他们还会学习秋季的传统习俗,如赏月、赏菊等,培养他们对中华优秀传统文化的热爱。该主题预设和生成了《啪嗒!银杏果落了》《看!我们的大麦场》等项目探究活动。

冬季主题则着重培养幼儿的关爱和分享意识。在寒冷的冬天,幼儿学习保暖知识,体验冬季的民俗风情。同时,他们还会参加公益活动、志愿服务活动,培养爱心和责任感。该主题生成了《海上的"小精灵"——爱护海鸥行动》《我爱蓝蓝的天——赶走雾霾》环保行动等有意义的活动。

(二)"豆宝走四季"主题:融入社区

豆宝趣研学主题旨在激发幼儿对学习的热情和探索精神。我们带领幼儿走进新区的幼儿"文化生活圈",使他们在愉快的氛围中体验到学习的乐趣,从而培养他们良好的学习习惯。

截至目前,青岛市博物馆数量达到了 100 家,占全省博物馆总量的 18%,占全国总量的 1.8%。(青岛市百家博物馆名单见表2-2)我们在课程内容的制定上,每季都会根据幼儿的兴趣点选择适宜的研学内容。

表2-2　青岛市百家博物馆名单

01. 青岛市博物馆	26. 青岛一九零七电影博物馆	51. 青岛韩家酒盐民俗博物馆	76. 高凤翰纪念馆
02. 青岛啤酒博物馆	27 赞一油画博物馆	52. 青岛宿流渔岛记忆博物馆	77. 大沽河博物馆
03. 青岛海军博物馆	28. 青岛东方惠和艺术博物馆	53. 青岛西海岸新区博物馆	78. 胶州九兴博物馆
04. 青岛贝壳博物馆	29. 时光印记	54. 西海岸新区民俗博物馆	79. 青岛宝龙关术博物馆
05. 青岛贝林自然博物馆	30. 青岛爱与乐民间艺术博物馆	55. 青岛琅琊台博物馆	80. 青岛崇恩自然奇石博物馆
06. 青岛汉画像砖博物馆	31. 格林芬格多肉植物博物馆	56. 青岛东方玉文化博物馆	81. 青岛九龙根雕博物馆
07. 海尔世界东电博物馆	32. 青岛鲁作家俱博物馆	57. 青岛黄海学院博物馆	82. 青岛闳浩皓堂文化博物馆
08. 青岛邮电博物馆	33. 青岛葡萄酒博物馆	58. 滨海学院自然生态博物馆	83. 胶州市余之庆博物馆
09. 青岛消防博物馆	34. 青岛海关博物馆	59. 青岛黄岛辛安民俗博物馆	84. 胶州市艾山民俗博物馆

10. 青岛德国总督楼旧址博物馆	35. 青岛大新金币博物馆	60. 青岛黄岛区烟台东民俗博物馆	85. 胶州市君宜博物馆
11. 青岛市民俗博物馆	36. 青岛全石艺术博物馆	61. 青岛灵珠山农耕文化博物馆	86. 平度市博物馆
12. 青岛海产博物馆	37. 青岛万里江茶博物馆	62. 西海岸是知传统技艺博物馆	87. 青岛一大旧址文化博物馆
13. 青岛市革命烈士纪念馆	38. 青岛西洋文化艺术博物馆	63. 青岛电影博物馆	88. 平度市红色第一党支部旧址博物馆
14. 康有为故居纪念馆	39. 青岛茜文欧洲艺术博物馆	64. 青岛啤酒文化博物馆	89. 青岛大观园葡萄文化博物馆
15. 骆驼祥子博物馆	40. 青岛琴岛钢琴艺术博物馆	65. 青岛市即墨区博物馆	90. 平度市勇华民俗博物馆
16. 中共青岛党史纪念馆	41. 青岛华仁输液文化博物馆	66. 即墨老酒博物院	91. 平度市何家楼陶艺博物馆
17. 青岛一战遗址博物馆	42. 青岛九水生态园林博物馆	67. 即墨妙府老酒博物馆	92. 青岛宗济堂中医药博物馆
18. 奥帆博物馆 上合展览馆	43. 青岛崂山绿石博物馆	68. 胶东非物质文化遗产博物馆	93. 莱西市博物馆
19. 青岛市口腔健事教育基地	44. 青岛天工龙泉青瓷博物馆	69. 青岛发饰博物馆	94. 胶州民俗文化博物馆
20. 道路交通博物馆	45. 青岛朗艺博物馆	70. 山东威达学生装博物馆	95. 青岛莱西市卢乡阁博物馆
21. 青岛·海底隧道博物馆	46. 二月二民俗技艺体验博物馆	71. 雄崖海防博物馆	96. 青岛蟠公酒文化博物馆
22. 青岛技术博物馆	47. 崂山湾渔村民俗博物馆	72. 青岛秋宝斋指墨画博物馆	97. 青岛莱西市多村记忆博物馆
23. 青岛纺织博物馆	48. 若七珠宝文化艺术博物馆	73. 青岛墨邑博物馆	98. 建东红色博物馆
24. 青岛印象博物馆	49. 银色世纪海洋生物博物馆	74. 青岛即墨花边博物馆	99. 青岛爱在古毯博物馆
25. 青岛嘉木美术馆	50. 崂山周氏楣声艾灸文化博物	75. 小巨人微海洋科技文化博物馆	100. 青岛德国监狱旧址博物馆

1. 春季研学篇

每年的春季,在"爱上图书""豆荚书屋创生记""我们的阅读节"主题背景下,我们带领幼儿开展了"我身边的图书馆"研学活动,通过研学活动开拓幼儿的阅读视野,提高幼儿的阅读兴趣,在幼儿的心灵深处播下了求知、乐学的种子。

青岛西海岸图书馆位于西海岸市民中心北区,囊括了阅读、文化体验等多种模式,总建筑面积约 2.8 万平方米,涵盖少儿阅读空间、报刊阅览空间、视障阅览空间、阅读＋休闲空间、多媒体体验空间、文献借阅空间等。

黄盒子美术馆融合"传统与当代,东方与西方,精英和大众,学术与市场,艺术与生活"五大核心理念,在研学的过程中让幼儿感受色彩的变化,对幼儿多种形式的表达表现给予很好的启发和熏陶。

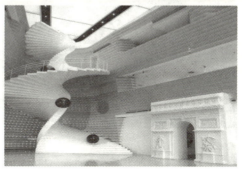

2. 夏季研学篇

每年夏天,我们都要举办一次"豆宝科技节",在筹备期间都会带领幼儿走进青岛西海岸科技馆。该科技馆中四个引人注目的"科学长廊",即七彩长廊、错觉长廊、生命长廊、创新长廊,以创新性的设计和展示理念,将科技、艺术与教育融为一体,为幼儿提供了一场别开生面的科学盛宴,也为幼儿自主设计、组织"豆宝科技节"给以启示。

青岛西海岸科技馆位于西海岸新区市民文化中心北侧,总建筑面积2.2万平方米,展教面积1.26万平方米,展品323件。目前率先开放了成长乐园、探索发现、蓝色星球、创新解码四个常设展厅及四个科学长廊,是一座大型综合性科技馆。

青岛贝壳博物馆依海而建,向海而鸣,以贝壳为主题,在夏日研学活动中以"科学故事＋趣味互动＋启蒙游戏"的形式,让幼儿在实物观摩和趣味故事讲述中,不知不觉滋养人文底蕴和科学精神。在游戏中,幼儿学会合作与担当,尝试解决问题,体验创新性学习的乐趣,启发科学探索的兴趣,锻炼融会贯通的能力。来青岛贝壳博物馆,接受来自海洋的馈赠。

3.秋季研学篇

在幼儿园的教育活动中,动物主题一直以来都深受幼儿的喜爱。大、中、小班的幼儿都对动物有着与生俱来的亲近感。在幼儿眼中,动物世界充满了神秘和新奇,不仅激发了他们的好奇心,也培养了他们关爱生命的美好品质。我们每年都会组织一次到动物园进行研学的活动,让幼儿了解不同动物的外形特征、生活习性和生长环境。在活动中,教师可以引导幼儿学会关爱和尊重生命,培养他们保护动物、维护生态平衡的意识。

青岛森林野生动物世界力求用自然、直接、科学、生动的方式让人与动物零距离交流与互动,是互动体验、科普教育的综合体。园区各个馆舍都会有科普讲解,幼儿可以多角度了解动物朋友,游玩之余也能有所收获。

青岛滨海学院世界动物自然生态博物馆隶属于青岛滨海学院,面积14 000余平方米,拥有藏品上万件。该馆将生态文化教育与科普教育相结合,兼具知识性和趣味性,是一座集自然生态、动物、地质等藏品于一体的综合性展馆,是全国科普教育基地。

4. 冬季研学篇

在实施"我是中国人"和"家乡民俗美"主题活动中,我们带领幼儿走进山东非物质文化遗产展示体验中心开展研学活动,这无疑是一种非常恰当的选择。这里不仅拥有丰富的非物质文化遗产资源,还能让幼儿身临其境地感受到我国传统文化的独特魅力。

山东非物质文化遗产展示体验中心坐落在西海岸城市阳台,主要由两大部分组成。第一大部分是非遗文化互动体验区,设有联合国非遗项目活字印刷术体验,中国剪纸体验,国家级非遗项目古法造纸体验、手工扎染体验、手工陶艺体验、风筝制作技艺体验,以及省级非遗项目泥老虎制作体验、木版年画制作体验、烙画烙葫芦等九大体验项目。这些项目均有专业文化体验教师讲解授课,亲自动手制作,还可以将亲手制作的非遗文化产品留存纪念。

　　每年的 12 月，青岛西海岸新区都会迎来一次电影节，我们带领幼儿走进青岛电影博物馆开展研学活动，感受信息科技带来的艺术体验。电影博物馆主要分为序厅"银海华章"、世界厅"光影创世"及青岛厅"青岛靓影"三大展厅，是一处集文化收藏、博物展示、科普教育、科技体验等多功能于一体的综合性博物馆。展馆突出了"光影长河"的概念，把影像与时间两个概念巧妙地结合在一起。从胶片时代到数字时代，通过全息展台、VR 体验、绿幕抠像等技术，让观众沉浸到影像中。

　　在"神奇的海底隧道"主题中，我们带领幼儿走进青岛海底隧道博物馆开展研学活动。海底隧道博物馆是国内首家以海底隧道为主题的博物馆，坐落于青岛胶州湾隧道管理中心内，毗邻中国最长的海底公路隧道——青岛胶州湾隧道。博物馆展厅面积 390 平方米，分为世界海底隧道大观、海底隧道建造技术、胶州湾隧道建设历程、胶州湾隧道安全运营保障、胶州湾隧道建设意义五大展区，馆内通过互动展屏、大量模型以及真实照片等让幼儿了解海底隧道的发展历史及胶州湾隧道的建设成果。

（三）"豆宝寻节气"主题：文化传承

"豆宝寻节气"主题旨在通过豆宝这个可爱的角色，从幼儿的视角探索和了解我国传统文化中的二十四节气。在我国，二十四节气被誉为古代农耕文明的瑰宝，它是古人根据自然界气候变化的规律总结出来的。这个主题让幼儿深入挖掘农耕文明的智慧，掌握二十四节气的起源和内涵，同时体验古人智慧与现代科技的碰撞。"豆宝寻节气"主题活动，以生动有趣的方式，让幼儿通过"寻、玩、食、绘"四步浸润策略，帮助他们观察和了解每个节气的特点、习俗和故事，并鼓励他们将自己和同伴的探究用绘画、绘本的方式记录下来，形成具有园本特色的原创绘本故事。在这个主题中幼儿不仅能感受到古人的智慧，还能体会到现代科技与传统农耕文明的交融。

在节气探究过程中，我们发现一些节气有着典型的气候特征，也成了幼儿的探究点，例如：万物复苏的春分节气各种细菌滋生，在细菌探秘中幼儿懂得了如何远离有害菌，利用有益菌，同时指导家长抓住春季幼儿生长发育比较快的生长规律选择高能量高蛋白食物，少食辛辣刺激食物，防止过敏疾病发生；秋高气爽的处暑节气在"云起云落"中读"云"；酷热潮湿的大暑节气在水枪大战、雨中作乐、制造彩虹中祛湿热；"白露不露身、寒露不露脚"等养生谚语，在助力幼儿健康成长的同时，让幼儿感受节气带来的别样趣味。

谷雨——春耕节

立夏——斗蛋大比拼

处暑——云起云落

雨水——九九消寒图

在二十四节气轮回中,各种美食轮番创作出来。在蔬菜家族中,很多常见又不起眼的野菜凭借它们的营养和保健作用逐渐被越来越多的人认可。被誉为五行蔬菜的马齿苋在内服、外用中皆有极高的价值。同样还有薄荷、紫苏、桂花等花卉作为集观赏、食用、药用、香料等功能于一体的食材也被挖掘出来。幼儿在教师和家长的协助下,于烹饪中感知节气之色香、味香,让我们的节气课程的食育文化有滋有味。俗话说"靠山吃山,靠海吃海",西海岸新区丰富的海洋物产资源和大山馈赠的美食在不同季节应时而生,哺育了一代又一代的新区人。人们在世代生活中代代相传,总结了许多山海美食的烹饪技巧和最佳赏味时间,例如:海虹开春最肥美,清明期间放浆便不宜食用;菊花开闻蟹来,寒露品蟹正当时;"大雪"甜晒海货;等等。这些在课程中亦有所体现。

制作香椿饼

尝试晒海米

(四)"豆宝爱生活":以劳动实践为导向的美好生活追求

劳动,作为一种生活态度和技能,对幼儿的成长具有深远的影响。在"豆宝爱生活"理念下,我们致力于培养幼儿的劳动观念和劳动技能,让他们在生活中学会自理,感受劳动的快乐,并培养出对劳动的热爱和珍惜劳动成果的情感。

1. 我是劳动小达人

陈鹤琴先生曾说:"凡是儿童自己能够做的,应当让他自己去做。"在"豆宝爱生活"实践中,我们遵循这一原则,将幼儿的自我服务融入他们日常活动的各个环节。我们鼓励幼儿自己取餐、吃饭、擦饭桌、叠被子、穿衣服等,让他们在这些日常小事中逐渐养成爱劳动的好习惯。通过这样的方式,我们不仅培养了幼儿的生活自理能力,也在传递一种劳动是快乐和有意义的信息。

2. 班级劳动小蜜蜂

为了让劳动更加生动有趣,我们采用游戏化的方式,给玩具注入生命,引导幼儿和玩具做好朋友,爱惜并照顾它们。我们鼓励幼儿自主分组,共同筹备并参与劳动,如整理玩具、打扫教室等。在这个过程中,他们不仅学习了劳动技能,更感受到了劳动的快乐,萌发出对劳动的热爱。

3. 公益劳动我最棒

《幼儿园教育指导纲要》中明确指出,要培养幼儿做力所能及的事情,并培养初步的责任感。因此,我们设立了每月一次的公益劳动日,鼓励幼儿参与其中。这些活动包括轮流照顾兔宝宝、打造鸡舍、户外玩具整理日等。通过这些活动,幼儿不仅学会了为他人和集体服务,还提升了劳动技能,同时,责任感和担当意识也在他们的心中悄然萌芽。

第四节　四季课程的实施与评价

一、四季课程的实施

课程实施是实现教育目标的手段,是通过一些载体将教育计划付诸行动的动态过程。四季课程主要以环境创设、生活活动、游戏活动、师幼互动等为基础载体,融入节气活动、四季庆典等,并将这些活动贯穿在四季课程实施的每一个环节之中。

(一)课程实施脉络清晰,注重一日活动的科学安排

本课程的实施充分贯彻《3~6岁儿童学习与发展指南》精神,采用主题形式,每个主题活动从整体活动及内容框架以"网络图"呈现,到每周学习主题下的环境创设、区域游戏、集体活动、生活活动、家园共育等一日活动内容,都有具体的、可操作性强的活动方案设计、组织及指导建议,最大限度地支持和满足幼儿通过直接感知、实际操作和亲身体验获取经验的需要。

(二)课程实施因时、因人而异,鼓励教师创造性使用

由于教师素质不一致,幼儿发展状况存在差异性,幼儿园要求教师在课程实施过程中以幼儿学习的需要为本,让幼儿产生自主探究和学习的兴趣,把观察、了解幼儿的需要和表现作为衡量教学成效的重要手段。教师要切实关注幼儿的表现,以观察定策略,以策略求成效,不断在课程内容、方法、形式等方面有所创新、有所发展。

（三）课程实施注重资源整合，促进"园家社"合作行为的发展

在课程实施中，我们整合"园家社"教育资源，将幼儿园与家庭、社区组建成园本课程共研、共建、共享发展共同体，促进家长教育观念、参与意识、合作行为的发展。开展丰富的课程开放活动，要求家长和社区群众走进园本课程实施现场，将新的教育理念和积极向上的共育状态带进家庭、影响社区，进而促进整个社区幼儿教育观念的发展，构建一种新型的家园合作行为模式。

二、四季课程的评价

课程评价主要是在对幼儿园四季课程的计划、活动以及结果等有关问题的量或质的记述基础上作出价值判断的过程。本园的四季课程评价，立足"全环境立德树人"，以发展性评价为主，以诊断和促进课程活动的参与者（幼儿与教师）在原有基础上得到发展为目的，把幼儿的行为表现和发展变化作为重要的评价信息，以此来调整和改进课程方向，对教师及幼儿的双向成长具有重要意义，也是提高教育质量的必要手段。

（一）评价主体及内容

以"全环境立德树人"为根本任务，认真贯彻落实《幼儿园保育教育质量评估指南》精神，建立常态化课程评价体系，由幼儿园、教师、家长、幼儿等多主体共同参与评价。评价内容主要包括以下几个方面：

（1）捕捉幼儿不断生发兴趣并满足兴趣的过程，了解幼儿的发展状况。教师、家长针对幼儿的发展需要、兴趣特点及个体差异，对课程活动目标、内容及组织形式进行过程性评估。

（2）关注课程实施过程中幼儿的参与性、积极性、互动性等情况，了解幼儿不断协商、交流和实践探究的过程，对幼儿自主发展、教师专业发展进行发展性评估。

（3）关注课程实施中幼儿与自我联结、与自然联结、与社会联结的实际效果，及时发现园本课程实施中的不足或影响因素。对幼儿周边的环境资源进行调研、分析和评估，对课程中幼儿与环境的关系建立、课程实施的实效性进行反思性评估，为调整、改进课程提供依据。

（二）评价方法

我们主要通过每学期两次"幼儿园课程调整审议会"、每月一次"园家社课程审议沙龙"、每周一次以教研组为单位进行的"主题课程教研"、若干次以班级

为单位进行的"课程实践交流"等方式进行"园家社"共研共议,制定"环境教育"园本课程审议评价参考表(见表2-3),以此为评价参考,关注课程实践中的真实问题,加强课程管理,以达到实施的可行性和有效性。

表2-3 "环境教育"园本课程审议评价参考表

课程审议项目	审议指导要点	审议形式	评估人
课程目标与内容的联系性	以幼儿为本,找出预期目标与实际目标的差距,寻找原因,形成解决策略	观察活动现场集体备课研讨情况	幼儿园、教师
	遵循幼儿兴趣,看到目标与内容之间的联系,商讨搭建课程目标与内容的桥梁	幼儿表征、现场教研调整课程网络图情况	幼儿、教师课委会
聚焦课程探究过程性环节调整	聚焦活动组织实施的每个环节,列出问题清单	幼儿表征、观察记录集体教研情况	幼儿园、幼儿、教师、家长
聚焦师幼互动的效果调整	聚焦活动实况,关注师幼互动质量	观察活动现场互动体验式教研情况	幼儿园、教师
聚焦环境资源的开发与利用调整	深入关注幼儿与环境的相互作用。充分挖掘利用环境资源,建立对话、互动、邀请式的环境关系	观察活动现场绘制"一公里"课程资源图情况	幼儿、教师、家长、社区代表
调整关键指标,形成调整后可执行方案	解决以上问题,形成细化的调整方案,梳理课程实践研究经验	以幼儿园课程审议会"园家社"课程审议沙龙的形式进行审议	幼儿园、教师课委会

(三)评价实施要求

课程评价在幼儿园教育中具有举足轻重的地位,它不仅是发现问题的手段,更是为幼儿自主探究和学习提供有效支持的重要途径。评价的实施要求幼儿、教师、家长三方共同参与,是一个从判断到分析、从体验到理解、从生发到优化的系统过程。

1. 建立动态评价循证机制

我们从幼儿视角出发,对日常教育活动中捕捉到的各类信息进行分析和甄别。这些信息将成为我们确立课程目标、选择课程资源、组织课程实践的重要依据。通过细致观察幼儿在一日活动中的行为表现,我们可以反思课程与幼儿发展之间的关系,从而建构出一个动态的、可支持幼儿个性发展的"幼儿评价—发现问题—优化课程"的循证机制。

2. 评价过程指向以发展为核心的个性化教育支持

每一个幼儿的成长都具有差异性,因此,在评价过程中,我们需要深入分析每一个幼儿的个性需求,发现他们独特的发展轨迹和个性化发展特质。基于这些分析,我们可以为每一个幼儿提供个性化的教育支持,确保评价能够真正促进每一个幼儿的个体成长。在幼儿一日活动中,家园双方应共同观察和分析幼儿的学习特点与共性发展的可能性,以此为依据不断调整教育行为,优化课程设置,提高课程的适宜性,以满足幼儿个性化发展的需要。

3. 借助评价结果中的问题导向进行课程再优化

幼儿和教师的"自我评价"结果是评价过程中的重要参考。从评价结果中,我们可以发现课程环节中的个性与共性问题,这些问题将成为我们优化课程的依据。通过对问题的深入分析,我们可以调整课程实施的过程,寻求满足幼儿需求的课程支持策略,推动课程的持续优化,为幼儿的发展提供更为有效的支持。

第三章 »

探寻四季成长"学习场"

　　大自然赋予幼儿取之不尽的源泉，春生夏长，秋收冬藏，一枝一叶，一草一木，幼儿在大自然给予的独特馈赠中，沐浴着时光里的暖阳，充满活力地获取着。幼儿园里的每一个角落都是幼儿的"学习场"，每一处景物都孕育着幼儿无限成长的机会和可能。四季课程的内容融理念、活动、文化、师幼共同发展为一体，让每名师生都能找到适合自己的发展空间。

　　四季课程主要通过"豆宝探四季""豆宝走四季""豆宝爱生活""豆宝寻节气"四个系列活动开展，其教育的本质并非在于知识的传授，而更在于"影响"的力量。这种"影响"主要是为教师和幼儿赋权，师幼可以放手创生课程内容。我们通过"亲身体验、实际操作、直接感知"等方式，为幼儿提供支持性策略，助力幼儿切身去感悟自然、认识世界，让幼儿在成长过程中自然而然地受到熏陶和启迪。

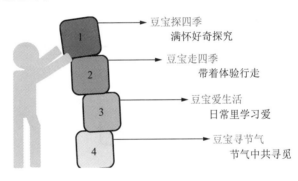

豆宝探四季
满怀好奇探究

豆宝走四季
带着体验行走

豆宝爱生活
日常里学习爱

豆宝寻节气
节气中共寻觅

第一节　"豆宝探四季"主题课程案例

　　"豆宝探四季"系列活动旨在引导幼儿通过观察、体验和感知四季变化，亲身参与，深入了解自然界中春生、夏长、秋收、冬藏的四季轮回过程，从而增强他们对自然环境的认知和情感。在"豆宝探四季"师幼互动中,我们创生了丰富多彩的课程内容。

例如,在《我的蜗牛朋友》这一课,我们带领幼儿观察蜗牛的生活习性,了解它们在四季中的不同表现。通过观察蜗牛在不同季节的活动规律,幼儿不仅学会了如何观察和记录,还培养了爱护小动物的环保意识。在《啪嗒!银杏果落了》这一课,我们组织幼儿到公园或校园里的银杏树下,观察银杏果的成熟和掉落过程。幼儿兴奋地捡起掉落的银杏果,感受它们的质地和重量,同时了解银杏树的生长规律和季节变化。在《山坡趣滑记》这一课,我们利用冬季幼儿对冰雪的渴望,支持幼儿自发进行冬日滑坡游戏。在欢声笑语中,幼儿不仅感受到了冬日的乐趣,还解决了幼儿在合作游戏中遇到的问题,培养了他们对寒冷季节的适应能力。

通过这些丰富多彩的课程内容,幼儿在"自然课堂"中亲身感受到了春天花开、夏天蝉鸣、秋天落叶和冬天雪景。他们学会了用眼睛去观察、用心灵去感知四季的变化,从而培养了他们的观察力和环保意识。同时,这些活动也让他们更加热爱大自然,更加珍惜自然资源,为未来的可持续发展奠定坚实的基础。

➡️ 课程案例 1——我的蜗牛朋友

≫ 主题网络

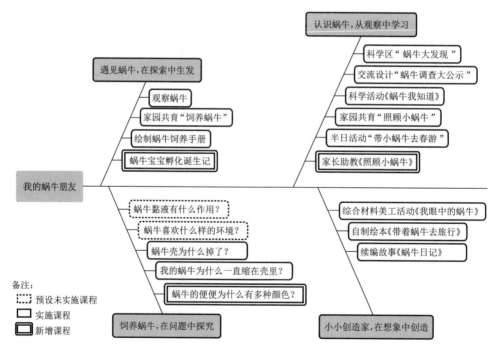

一、活动背景

雨后的小菜园里,幼儿突然像发现了宝贝一样喊道:"菜叶上有一个壳,里面还藏着东西呢!"伙伴们都被吸引了过去,围在一起细细地观察。有的说这是螺蛳,有的说这是蜗牛。就在大家你一言我一语的时候,幼儿向老师问道:"老师,这到底是什么呀?"看着他们好奇的眼神,追随幼儿的脚步适时地给予帮助,并告诉他们:"这就是小蜗牛。"于是一场与蜗牛做朋友的活动在师幼合作中自然生长……

二、活动实录

(一)遇见蜗牛,在探索中生发

泽泽:这就是小蜗牛,我们一起来研究它吧!

幼儿嬉笑着、琢磨着、寻找着,讨论着。

欣欣:背着这么重的壳,蜗牛是怎么走路的呀?

昊昊:蜗牛最喜欢吃菜吧?

幼儿对蜗牛这么感兴趣,那教师该如何支持、引导他们,让他们的学习更深入呢?幼儿一日活动皆课程,于是我们借助家长的资源,采购了两只小蜗牛带到幼儿园。

不知不觉,一场有趣的活动就要开始了……

在观察小蜗牛的过程中,幼儿又有了更多的奇思妙想。

森森:为什么小蜗牛会在菜园里出没呢?蜗牛喜欢待在什么样的地方呢?

小宁:蜗牛喜欢吃什么?

烊烊:蜗牛生病了、不愿意出壳怎么办?

幼儿有很多的问题,我们鼓励他们用自己的方式把问题——记录下来,形成一个蜗牛手册。幼儿不断交流,疑问也越来越多……

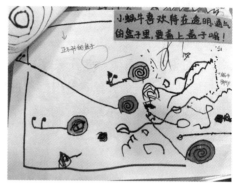

(二)认识蜗牛,从观察中学习

《3～6岁儿童学习与发展指南》指出,幼儿的思维特点是以具体形象思维为主,应注重引导幼儿通过直接感知、亲身体验和实际操作进行科学学习。于是我们把蜗牛放到自然角中,让幼儿自主地探究。教师每天与幼儿开展简短的、有针对性的谈话,启发他们有目的地观察。等幼儿熟悉蜗牛后,教师再与他们一起进行循序渐进的探索活动。教师和幼儿一起设计了一张《蜗牛调查大公示》,让每一个幼儿都能带着问题参与其中,并通过各种形式、途径了解蜗牛。

等幼儿对蜗牛有了初步了解,我们再引导他们进行深入的实践活动:"经过这么多天的观察,你们发现了蜗牛的哪些秘密呢?"幼儿乐于分享:"蜗牛的身体软软的""它的头上有角"……我们将探究引向深入:"蜗牛是靠什么行走的呢?仔细观察蜗牛行走过的地方,看看有什么发现。"在探讨的过程中他们一边观察,一边记录。

"黏液对于蜗牛的行走有什么用处?"

"蜗牛的眼睛在哪里?"

"蜗牛喜欢吃什么？它是害虫还是益虫？"

"蜗牛可以吃吗？"……

幼儿都有自己的不同发现,教师将他们发现的秘密记录下来,并及时搭建适切的探究框架,例如:

（1）开展科学活动"蜗牛我知道"。让幼儿了解蜗牛的身体构造及用途,知道黏液具有保护蜗牛腹足的作用,避免在爬行时因与地面直接摩擦而受伤。

（2）借助家长资源,开展"照顾小蜗牛"活动。通过 ppt 等多种形式,让幼儿了解蜗牛的生活习性。

（3）遵循幼儿的想法,带小蜗牛开展春游活动。我们开展了家长志愿者"带小蜗牛去春游"活动。有的幼儿给小蜗牛挖洞,把小蜗牛送到潮湿的泥土中。在这个过程中,他们的认知、探索、语言表达等能力都得到了很大发展。

（三）饲养蜗牛,在问题中探究

随着科学探究活动的开展,幼儿对蜗牛的兴趣依旧不减,因为他们了解得越多,同时想知道得也就越多。在教师的不断引导和助推下,幼儿陷入了更深的知识漩涡。

"老师,我真想养一只小蜗牛啊？"

幼儿的研究兴趣非常浓厚,因此家委会提供了多种供幼儿饲养、观察蜗牛的工具,于是我们就正式开始了饲养蜗牛活动。通过家园合作照顾小蜗牛,幼儿对小蜗牛有了更多的发现。

欣欣:蜗牛的盒子里有个黑黑的长长的东西,是什么？为什么有的是黑色的,有的是绿色的？

淇淇:蜗牛为什么一直窝在土里不出来？

晨晨:小蜗牛的壳为什么掉了下来？

幼儿在饲养蜗牛、观察蜗牛的过程中,对小蜗牛有了更多的发现:

蜗牛吃的食物不同,便便的颜色不同。（对应关系,如吃胡萝卜时,便便是橙色的）

蜗牛的壳掉下来了,是因为缺钙,需要补充钙粉。我们可以用鸡蛋皮手工制作钙粉（家园提供钙粉＋幼儿自制）

蜗牛喜欢潮湿的环境,需要给小蜗牛多喷喷水,以补充水分。（照顾、关爱生命）

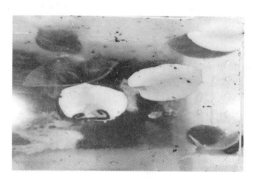

💡**教师思考**

教师的引导、家长的支持,为幼儿提供了具有生命的环境,幼儿在环境中提出问题、探究问题、思考问题,进行合作学习。幼儿感受到自己的劳动对蜗牛宝宝渐渐长大起到的作用,从而获得成功感,强化责任意识。

（四）小小创造家,在想象中创造

幼儿把蜗牛养在自然角里,每天时不时地三五成群地轮流观看。我们遵循幼儿浓厚的兴趣,开展了如下活动:

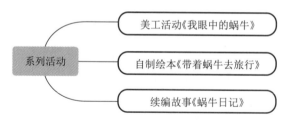

系列活动
- 美工活动《我眼中的蜗牛》
- 自制绘本《带着蜗牛去旅行》
- 续编故事《蜗牛日记》

1. 我眼中的蜗牛

幼儿在美工区用丰富的材料制作自己眼中的小蜗牛。

小茹:你们看到的蜗牛是什么样子的?

浩浩:壳上的花纹是什么样子的?像什么?

琪琪:蜗牛的眼睛在哪里?触角是什么样子的?

幼儿用不同的材料制作蜗牛的头、身体、壳、触角,并按照自己的理解进行创作,一只只灵动活泼、稚拙可爱的各有特色的小蜗牛便显现在眼前。教师通过幼儿的作品来了解幼儿对蜗牛外形的观察程度,比如是否有黏液、眼睛的形状等。有的幼儿选择油画棒为蜗牛穿上了棒棒糖模样的彩色衣服;有的幼儿选择用勾线笔给蜗牛穿上黑白的衣服;有的幼儿选择用卡纸剪贴成蜗牛各种造型的衣服;有的幼儿选择用毛线给蜗牛穿新衣;有的幼儿为蜗牛戴上了皇冠,把蜗牛打扮成可爱优雅的小公主……

2. 自制绘本《带着蜗牛去旅行》

我们借助家长志愿者"带着蜗牛去旅行"活动,让幼儿对蜗牛有了更深刻的了解。活动结束后,幼儿兴趣依然很高涨。小羽提出:"我们把蜗牛去旅行的样子画下来吧!"小羽的提议得到了幼儿的一致同意,于是幼儿表征了带小蜗牛去春游的故事。我们将幼儿的想法进行整理,绘制了以故事脉络为主的故事底图。幼儿自制绘本《带着蜗牛去旅行》。幼儿看到自己的作品展示出的探索成果,心里很激动,充满了自豪感!在区域游戏时,他们不由自主地在美工区做起小蜗牛,用橡皮泥搓成长条,用各种不同的材料制作成属于自己的小蜗牛。幼儿欢呼雀跃,拥有了满满的成就感。

3. 续编故事《蜗牛日记》

我们回归语言积累——读绘本,让幼儿在阅读中将所有的知识点进行汇总和梳理。在阅读区我们投放了一些关于蜗牛的童话、科普的绘本,幼儿根据自己的需要随意进行翻阅,并且利用家园合作时间,由家长带着幼儿一起阅读关于蜗牛的绘本故事。

在绘本阅读的过程中,幼儿兴趣盎然,更深层地了解了蜗牛的特征和习性。在此基础上,我们引导幼儿进行绘本故事再创作活动。他们每个人认真努力,热情高涨,想象力丰富。每一个幼儿都续编出了独一无二的"蜗牛故事",还继续进行了延伸创作"童心童画"。教师从画作中发现幼儿的闪光点,更深入地读懂了幼儿的语言。

通过一系列的课程实践活动,幼儿既获得了关于蜗牛的相关知识,同时也很好地发展了观察能力、动手能力、想象能力、探究能力。

4. 活动延伸

一天早上,浩浩带来了青菜,准备给蜗牛吃。就在大家关注蜗牛有没有吃青菜的时候,韩韩突然大声地叫道:"老师,你看,土里面有很多圆圆的小球。"老师一看,果然有很多圆圆的小球。

幼儿七嘴八舌地开始讨论。

小羽:这是什么呀?是不是蜗牛的大便?

鑫鑫:蜗牛的大便不是这样的。

茜茜赶忙说道:"蜗牛的便便是黑色的,还长长的。"

"那到底会是什么呢?"老师问幼儿。

小茹:我猜这是蜗牛的卵。我们之前不是查过资料嘛,蜗牛是卵生动物。

教室里一下子热闹了起来,幼儿你一言我一语地为蜗牛产卵而高兴着,纷纷惊叹生命的奇妙。接下来又会发生什么样的故事呢?蜗牛到底怎样孵卵呢?我们的活动还在继续……

三、游戏活动的特点与价值

(一)关注热点事件,把握课程时效性

一日生活皆课程。幼儿园生活中有很多微妙的时刻,从小菜园巧遇蜗牛的那一刻起,教师根据幼儿的行动和参与度把"发现蜗牛"作为热点事件进行分享,激趣引发后续的探究,为幼儿的深度学习提供"引子"。

(二)关注资源联动,捕捉课程后延性

教育的多元联动最直接地体现在家长资源上,调动家长的课程参与意识,充分利用家长资源。例如:亲子阅读、幼儿在家独立饲养蜗牛等活动,提升了幼儿学习的能动性。只有家长、幼儿园形成资源共同体,才能持续为课程开发蓄力。

（三）开展日常管理，培养幼儿的责任心

幼儿天生对小动物充满感情，所以在喜爱蜗牛、对蜗牛宝宝感兴趣的驱动下，可以认真地做好照顾蜗牛宝宝的值日生工作，每天清理蜗牛粪便，给蜗牛喷水、喂食，这是培养幼儿责任心的一种方式。幼儿在饲养区里探究蜗牛奇妙的生命，蜗牛的生命也带给幼儿无限的知识和经验。这样的课程以幼儿为本，是幼儿和教师需要的。

▶▶ 课程案例2——啪嗒！银杏果落了

≫ 主题网络

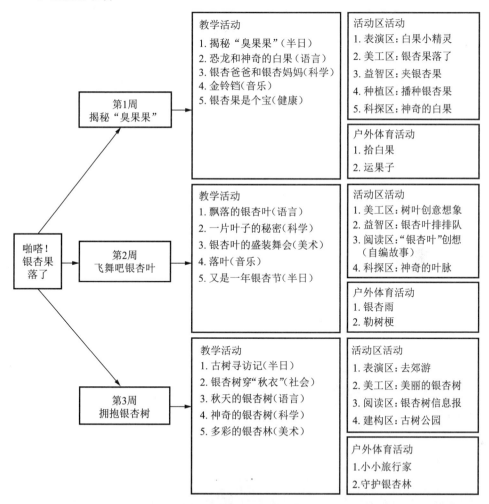

秋天到了，幼儿园庭院里银杏树下落了很多小果子，一股股奇怪的味道，引发了幼儿的探究之旅。

一、探秘"臭果果"

（一）发现"臭果果"

一天户外活动时，哲哲好奇地问："琦琦老师，怎么这么臭啊！是不是哪个小朋友拉裤子了？"他的话引起了幼儿的好奇，臭味是从哪里来的呢？大家东看看西瞧瞧，有的幼儿还忍不住摸摸自己的小屁股。

这时候小蕾指着地上踩烂的银杏果说："老师，是它的味！它臭臭的！"这些果子是从哪里来的呢？大家有些好奇，抬头一看，树上挂了很多这样的果子。姝慧说："这是什么果子呀？为什么它还有臭味呢？"小慈说："我吃过这样的果子，我爷爷给我吃过。""啊！这么臭怎么吃啊？""真的能吃吗？""不会中毒吧？！"幼儿不太相信小慈的话。老师鼓励他们带着问题回家用自己的方法寻找答案。

第二天，幼儿到幼儿园后分享了自己的收获：原来银杏果真的可以吃！小慈还带来了一个去掉果肉的银杏果，这又引发了他们新的讨论。姝慧好奇地问："你拿的这个果子和幼儿园的不一样。你这个瘦瘦的，幼儿园的胖胖的；颜色也不一样，你的是白色的，幼儿园的有些黄。"姝慧说得有理有据，幼儿也纷纷开始质疑起来。于是，一场解密银杏果的活动即将开始。

（二）怎么摘银杏果？

幼儿来到院子之后，发现地上根本没有果子。铭铭说："到树上摘吧！"他们搬来了一个小梯子，可是爬到了梯子的最顶端，也还是够不着。米乐等不及了，叫来了小伙伴和老师一起摇树，最后也只掉下来了几颗银杏果。还有的幼儿找来几根长竹竿，一起拿着竹竿的下面，控制着竹竿并瞄准银杏果打，经过反复尝试，不断积累经验，他们终于打下了银杏果。

　　掉到地上的银杏果有的被踩烂散发着臭味,果肉的黏液有腐蚀性,"这些果子怎么捡才好呢?"教师把问题抛给了幼儿。他们有的去科学区拿来了做实验的手套;有的想用小铲子一个一个铲起来;有的从口袋里拿出卫生纸,用卫生纸捏住银杏果;有的在下面用桌布接着。一上午的时间幼儿收获了满满的银杏果。

　　对比小慈从家里拿来的银杏果,大家还是认为这不是一种果子。铭铭说:"我看见我奶奶把银杏果的果肉去掉,去掉了果肉的银杏果就和小慈拿的果子一样了。"听了铭铭的话,大家都想试试。幼儿又犯了愁"怎么去果肉呢?"戴着手套的幼儿,想直接用手捏碎。图图觉得银杏果太多了,他想了一个快速的办法,先在塑料袋里用脚踩碎,再把银杏果拣出来。幼儿按照自己的想法开始给银杏果去果肉。最后经过清洗、晾晒,幼儿发现这些银杏果果然变成了和小慈手里的果子一模一样,好神奇啊!

(三)怎么吃银杏果?

　　为了满足幼儿品尝银杏果的愿望,我们把银杏果烤熟,每一个幼儿分了3颗,银杏果品尝大会开始了。不过要想吃到银杏果可不是一件简单的事。幼儿尝试用各自的方法打开银杏果,用鹅卵石锤,用夹子夹,用积木敲,用小手捏,各式各样的方法五花八门。"银杏果吃起来软软的。""它剥出来竟然又是绿色的。""吃起来怎么不臭呢?有一点点的苦。"幼儿在品尝中说着自己的发现。

二、飞舞的银杏叶

进入深秋,银杏叶从树上慢慢飘落下来,发生了不同的变化,幼儿对叶子也产生了浓厚的兴趣。

(一)银杏树也分男女

户外活动的时候,图图指着两棵银杏树说:"老师,你看看它们的树叶。这棵树的叶子黄,那棵树的叶子绿!这棵树有果子,那棵树什么都没有!"

真是太奇怪了,为什么会这样啊?带着疑问老师和幼儿各自回去查阅资料。

第二天一到幼儿园,大家激动地分享自己的发现:"有银杏果的那棵银杏树是女生!"原来银杏树也分男女啊,老师和幼儿一起来到"豆宝小院",幼儿捡拾着不同银杏树下的银杏叶,在观察比较中进行了分类。他们还发现了很多不同的地方:女银杏树的叶子没有裂缝,男银杏树的叶子中间有裂缝;女银杏树的叶子长得小小的,先变黄。原来银杏叶竟然有这么多秘密,好神奇啊!

(二)一场银杏落叶雨

铭铭从小山坡上跑下来,边跑边把银杏叶撒在空中。"哇!就像下雨一样。"这种玩法吸引了好多幼儿,大家都抓起银杏叶撒在空中。有的幼儿跳起来扔,扔得又高又远。

小高说:"下雨下到老师那儿了。"

杨杨说:"下雨了,可真壮观啊!"

银杏叶引发了幼儿的各种玩法。他们有的拿着小篮子,选着自己最满意的银杏叶;有的把银杏叶别在头上当发卡;睿睿把银杏叶放在烧烤架上,从之也在地上支了个小摊;姝涵把银杏叶当钱,买了很多的"汤圆"。

在室内区域活动时间,幼儿利用银杏叶开始了各种创想:一一用它做了一个皇冠,小海用银杏叶做了一件裙子,还有的用它做印章、做书签、做项链……幼儿充满了无限的想象。

(三)幼儿园里的银杏节

一次区域活动时老师听到茗茗问林林:"这是我做的银杏叶拼贴画,能不能跟你做的皇冠交换?""银杏市集"的想法由此产生。老师问幼儿:"在'银杏市集'里我们可以做些什么呢?"乖乖打算制作银杏叶的发卡,然后让小朋友拿着漂亮的银杏叶来换,辰辰想把自己的银杏叶帽子拿去卖;小凯想让奶奶也来看看幼儿园的银杏树……

　　"市集"开市当天,不仅是大班小班的幼儿,连爸爸妈妈们也来体验了呢。大家相聚在"豆宝小院",在银杏树下自由地游戏,感受秋天里银杏树的美好馈赠。

　　幼儿都太有创造力了,一枚小小的银杏叶,在他们眼中有无限的可能,可以下银杏落叶雨,可以当成钱币,可以做烧烤,可以当发卡……这种想象力和创造力是我们成人所不能及的。在此过程中,我和他们玩在一起,笑在一起,有一种被疗愈的感觉,似乎也回到了童年。老师看着幼儿在银杏林中快乐自由地玩耍,浸润在这样美好的环境中,也和他们一起感受快乐,浸润在快乐中。

　　"除了幼儿园,社区、公园里有银杏树吗?""银杏果能不能种出银杏树?"……幼儿对银杏树还有很多的好奇,我们的探究仍在继续……

三、感悟与反思

(一)充分利用园所的自然资源

　　大自然是一种宝贵的教育资源,是培养儿童观察力、动手能力、科学素养与探索精神的天然课堂。我们充分利用幼儿园的银杏树,遵循幼儿的探究兴趣,在与银杏果、银杏叶等的充分互动中进行观察、比较、探索、游戏。在此过程中,我们看见了幼儿满满的活力和创造力。老师和幼儿也是在共同成长着,彼此滋养着。

(二)注重同伴的相互教育价值

　　在揭秘银杏果的过程中,幼儿围绕"发现臭味—哪里来的臭味—果子从哪里来—这是什么果子"到"摘果子—捡果子—去果肉—吃果子"展开了很多的探究。在探究过程中我们遇到了各种问题,例如:怎么摘果子?怎么去银杏果的皮?幼儿特别善于迁移经验,有各种各样的奇思妙想。在这个过程中我们利用同伴的相互教育价值,让幼儿相互影响、相互激发,形成智慧的碰撞。

　　在探秘银杏叶的过程中,我们按照"银杏树叶分男女——一场银杏落叶雨—幼儿园里的银杏节"三个环节,从幼儿的视角出发,结合幼儿的发现以及创意进行课程开发,例如:图图发现了银杏叶的不同,我们就鼓励大家一起寻找答案;有的幼儿建议做一个"银杏市集",我们就开展"银杏市集"活动,不断推进课程的开展。幼儿在观察比较、想象创造中感受银杏叶的不同,体验用银杏叶游戏、创作的快乐。

(三)不足及未来打算

在课程实施过程中,我们和幼儿都收获了很多,在体验中对银杏树有了更深入的了解,不过也存在一些不足,如幼儿对银杏树有很多的新颖想法,因不能面面俱到而只能做出取舍,所以无意中忽略了很多课程的闪光点。在以后的活动中,我们会更加注重从生活中、从幼儿视角进行课程的实施。

▶️ 课程案例3——山坡趣滑记

一、游戏背景

幼儿园的小山坡充满了童趣,幼儿过家家、滑行、打雪仗、钻山洞……自由自主、开放创造、轻松愉悦的游戏场景在一幕幕上演。顺应幼儿天性、遵循幼儿兴趣的山坡游戏呈现出它独有的魅力。

幼儿园廊檐下摆放着多种成品和半成品的游戏材料,如垫子、木板、梯子、轮胎、跷跷板、滑梯板、滚筒、废旧的盾牌、防雨布等,供幼儿自由选择,自主游戏。

二、过程与支持

(一)初步尝试——一起"滑雪"吧!

冬奥会的举行,让幼儿对滑雪产生了浓厚的兴趣,"滑雪"游戏开始了!

1. 山坡上滑行

慧慧找来滑板,坐上去从山坡上滑下来;霖霖发现一个废旧的盾牌,滑了一点儿距离就滑不动了,便转身离开;硕硕和小豪坐在大滑板上,从轮胎斜坡上往下滑,在滑到山坡底部时,两个人"翻车"了,他俩却开心地笑了。此时山坡上的小伙伴友情提示:"你们快上(到)一边!"硕硕和小豪拿着滑板又回到山坡上。这时,琳琳从山坡上往下滑,山坡不平,滑得比较慢,她一会儿用脚用力地蹬地,一会儿用手扶着两边的轮胎用力,费了很大力气才滑到山坡下。小文坐在大盆里,媛媛在后面助推,只推出一点点距离就不动了,小文很无奈,继而哈哈大笑,紧接着自己两手从身后拿起大盆,跑到了山坡下。

2. 绿色滑道上滑行

霖霖和小文把绿色防雨布拿到了山坡上,大家齐心协力地把它铺到了山坡上,形成一个滑道。

小伙伴们被吸引了过来。霖霖拿来黄色地垫,硕硕也爬到垫子后面,可是垫子在防雨布上根本滑不动,于是他们把垫子拿走了。

姝慧找来一个大陀螺,并坐在了里面。硕硕帮她从后面一推,她从山坡上滑了下来,结果在接近地面时,大陀螺翻了过来,把姝慧扣到了里面。小朋友们哈哈大笑起来,有人说:"钻到乌龟壳里啦!"小文赶紧过来帮忙把大陀螺拿开,姝慧哈哈大笑着从大陀螺里钻了出来。

姝慧把大陀螺又搬到了山坡上。霖霖和硕硕扶稳大陀螺,小豪坐到大陀螺里,硕硕从后面用力推

了一下,大陀螺歪歪扭扭地从山坡上滑了下来。姝慧又找来一个废旧的盾牌,只见她跪在盾牌上,倒着往下滑,滑不动,小伙伴说:"肯定是没有力气了。"边说边帮忙往下推盾牌,姝慧积极配合用力,终于也滑了下来。

3. 游戏分享

游戏结束后,我们组织幼儿进行讨论。

1)滑行方式与速度

你是怎样"滑雪"的?成功了吗?

"滑雪"用了什么办法?哪种方式速度更快?

2)挑战和乐趣

播放硕硕和小豪"翻车"的游戏视频后,请硕硕和小豪说说自己"翻车"时的感觉。

播放姝慧被大陀螺扣住的视频后,请姝慧说说自己被扣在大陀螺里的感觉。

大家觉得有趣吗?滑行游戏好玩吗?在游戏中还发生过什么好玩、有趣的事情?

3)安全与友爱

小朋友们为什么要提醒硕硕和小豪及时离开?

你还有什么好办法保护自己和同伴?

小文为什么帮姝慧拿开大陀螺?

被同伴帮助有什么感觉?

游戏的时候,大家是怎么相互帮助和关心的?

4)关于进一步探索

还有什么办法可以滑得更快?

4. 游戏解读

1)快与慢

在游戏过程中,幼儿对在山坡上滑行的速度有了充分的体验和感知。同样的滑行工具在不同的滑道上滑行的速度是不同的,不同的滑行工具在相同的滑道上的滑行速度也是不同的,是否有同伴助推也会影响滑行的速度……

为了能够顺利滑行,幼儿积极想办法,如请小朋友推一推,自己不停地用脚蹬地,铺上防雨布等。在此过程中,幼儿体验到力量、滑行工具、滑道光滑程度与滑行速度的关系,也感受到了合作的重要性。

2)规则与互助

幼儿大声提醒山坡下的硕硕和小豪及时离开,大家排着队依次尝试滑行……在游戏中幼儿根据已有的生活经验自然而然地建立起相应的规则，以确保游戏安全。

硕硕主动帮小豪把大陀螺扶好；姝慧被大陀螺扣住的时候，小文主动帮忙掀开……游戏过程中的各种突发事件，给幼儿提供了彼此帮助、相互关爱的机会。游戏在无形中促进了幼儿的社会性发展。

3）冒险与乐趣

硕硕和小豪从轮胎斜坡上往下滑时"翻车"了，他们却非常开心。姝慧虽然被扣在大陀螺里，她却开心得哈哈大笑。

"翻车"以及被扣在大陀螺里的小意外，让游戏充满了挑战，幼儿就在这样的挑战中感受到游戏的无穷乐趣。

（二）自创滑道——衣服卡住啦！

1. 自创梯子滑道

幼儿做完自己的游戏计划之后，山坡游戏又开始了：一名幼儿把梯子搭在了山洞上，大家对这个新游戏非常感兴趣，轮流从梯子上往下滑。小文主动为前面的小朋友扶好梯子，小朋友依次往下滑。过了一会儿，小文和妙妙从廊檐下又搬来了一个厚地垫放在梯子旁边，小朋友继续玩游戏。

2. 升级为木板滑道

因为从梯子上往下滑又慢又颠，小文和林林又从廊檐下搬来了一块木板，把木板扣在了木梯上。吕文成功滑下后咕噜到垫子上，小朋友们见状哈哈大笑。

3. 衣服卡住啦！

诺诺往下滑的时候，把衣服卡在了木板顶端，滑不下去了。霖霖急忙提醒："你的衣服卡住了！"诺诺赶紧求助："你给我弄开呀！"霖霖拽衣服，没有成功。浩浩又用手拽了拽，说了一句："快走！"诺诺顺利地滑了下去。之后，他一下子趴在了垫子上，大家笑个不停。

过了一会儿，幼儿又用上了黄色垫子。滑的时候后面的小伙伴帮忙压好地垫，大家依次从垫子上往下滑。老师问为什么加地垫，小文说："因为木板经常卡住衣服。"

4. 游戏分享

游戏之后的分享环节，教师重点提问：

（1）为了让自己滑得更快，你想到了哪些办法？

（2）衣服被木板卡住后，你是怎么解决的？

（3）遇到困难可怕吗？我们可以怎么做？

5. 游戏解读

1）滑行材料与速度

一开始幼儿直接从梯子上往下滑，后来他们搬来了黄色垫子铺在梯子上，之后又在梯子上扣上了木板。在此过程中，幼儿切身体验到滑行材料光滑程度与滑行速度之间的关系。

2）问题及问题解决

在这次游戏中，幼儿自创各种方式从山洞上往下滑。游戏过程中他们面临着很多问题，但都一一解决了（见表3-1）：

表3-1　幼儿遇到的问题及解决方案

遇到的问题	解决方案
从梯子上往下滑太慢	铺上地垫
	扣上木板
衣服被卡住	请朋友帮忙
	铺上地垫
担心梯子不稳定	请后面伙伴帮忙扶稳

游戏中出现的各种问题，引发了幼儿的思考。他们能够自主发现问题，想办法解决问题。幼儿在游戏过程中得到的，不仅是身体的锻炼，更有社会性的发展、表达能力的提高以及学习品质的培养。

（三）面对挑战——山坡好陡啊！

1. 这怎么敢滑呢？

户外活动的时候，琳琳和妙妙把木板搬到了另一个山洞口，这个山洞口紧靠沙池，比另一个山洞要高一些。

他们反复调整多次,以确保木板的稳定性。

姝慧看到后说:"这怎么敢滑呢?"

琳琳说:"让我来试试吧!"

琳琳走到山洞上往下一看也说:"我不敢滑。"

诺诺在旁边建议:"小文,拿个垫子滑。"

姝慧说:"我试试吧!"

诺诺继续提醒:"别把衣服刮到。"(昨天游戏的时候,他的衣服被卡住过,因此有了经验)

之后幼儿搬来了垫子,有了昨天游戏的经验,他们把一个垫子先给了在山洞上面的姝慧。然后又把剩下的几张垫子放在了木板的前方,进行缓冲。

琳琳坐在上面说了一句:"太高了!"没敢往下滑,就离开了。小文试了试,也说不敢。旁边有小朋友鼓励她试试。老师接纳了她的恐惧,说:"不敢也是可以的。"小文也离开了。

2. 老师,您帮帮我!

霖霖和瑞瑞一起搬来了厚地垫,并把地垫垫在木板的下面。诺诺有些害怕,让后面的小朋友帮着扶好垫子,并向老师求助:"于老师,您帮我扶着垫子吧。"老师扶好之后,他从上面滑了下来。琦琦也有些害怕,让老师帮忙扶好垫子,老师扶好之后,她也挑战成功。轮到子浩的时候,老师问他是否需要帮助,他摇了摇头,老师尊重了他的决定。之后,他自己从上面滑了下来,直接扑倒在大垫子上,然后开心地笑着跑开了。之后,吕文在老师的协助下也挑战成功。

3. 好刺激的感觉!

看到小朋友挑战成功,霖霖也勇敢地进行了尝试,成功滑下后,还不停地说:"好刺激的感觉!"浩浩紧随其后,也是大喊:"刺激!"

过了一会儿,霖霖又小心翼翼地在垫子上坐好,成功滑下,之后和诺诺开玩笑相互拍打起来。此时恐惧已被挑战成功的喜悦所代替。

4. 游戏分享

游戏之后的分享环节,我们主要展开了以下讨论:

1)关于恐惧的讨论

看到斜坡太陡,不敢挑战,这是不勇敢的表现吗?为什么?遇到这样的事情,我们该如何做?(引导幼儿接纳自己的恐惧,懂得恐惧有时候是来保护自己的,并启发幼儿总结出面对恐惧时的解决方法)

2)关于成功与否的讨论

你今天挑战成功了吗?心里感觉怎么样?没有挑战成功的小朋友,明天还想尝试吗?(进一步激发幼儿挑战成功的成就感,对于不成功的幼儿也给予充分理解,鼓励他们根据自己的节奏慢慢来)

5. 游戏解读

1)面对挑战的不同反应

在高斜坡出现的时候,幼儿呈现出不同的反应。姝慧说:"这怎么敢滑呢?"琳琳却说:"让我来试试吧!"她实地观察后也承认自己不敢滑。诺诺却开始想办法——建议伙伴拿垫子进行缓冲。在挑战面前不同的幼儿做出不同的反应,这与他们对自身能力的了解、对挑战的预判以及解决问题的思维模式都有密切的关系。

2)直面挑战的影响因素

游戏过程中,斜坡的高度并没有多少改变,用上垫子后却让幼儿有了一定的安全感。因此,姝慧提出:"我试试吧!"姝慧滑行成功给小伙伴们带来了勇气和信心,于是很多幼儿开始进行尝试。可见同伴之间的影响对于他们的成长具有重要意义。

在挑战面前,幼儿从恐惧到想办法克服恐惧,从自己不敢到因受同伴影响而敢于尝试,并取得成功,不仅锻炼了他们的运动能力,还让他们的内心变得更强大。

3）教师的帮助与放手

诺诺第一次滑斜坡的时候向老师求助,考虑到游戏的难度及幼儿的安全,老师选择帮助。他在体验到成功后,反复进行滑行,体验着游戏的刺激与快乐。子浩滑行时拒绝老师的帮助,老师选择放手,让他体验到自己独立游戏的成就感。无论帮助还是放手,都是基于幼儿的发展和心理需要,最终都是为了促进幼儿的身心发展。

三、教师反思

(一)善用资源,促进幼儿发展

"让教育回归真实的生活,让幼儿回归自然的环境。"这是我们坚守的教育理念。本园的小山坡就是幼儿接触自然最真实的场所。在平时的观察中,我们捕捉到幼儿滑雪的兴趣和需要。在游戏过程中,我们借助小山坡,充分利用各种材料提供支持。我们鼓励、引导幼儿探索、发现,培养幼儿的创造能力、合作能力和勇敢精神,让幼儿在大自然中游戏、成长。

(二)面对挑战,支持自主探究

"借助什么材料滑行?""如何启动滑行第一步?""怎样滑行更快?""衣服被卡住怎么办?""斜坡太陡怎么办?"……幼儿在游戏中不断遇到各种挑战,这些挑战激发了他们的自主探究,在探究和尝试中,他们完成了"在山坡上滑行—自创坡度滑行—挑战陡坡滑行"的探索和挑战。

不断发现问题、解决问题的过程(见表3-2),正是游戏给幼儿创造"最近发展区"的过程,引领着幼儿从原有水平向更高水平发展。在该过程中很好地培养了幼儿积极主动、认真专注、不怕困难、敢于探究和尝试、乐于想象和创造等良好的学习品质,为他们今后的学习和发展提供动力。

表3-2 幼儿遇到的问题、解决方案及结果

遇到的问题	解决方案	结果
1. 借助什么材料滑行?	坐在大陀螺里	成功
	坐在四轮滑板上	成功,有些慢
	坐在轮胎里	不成功
	跪在盾牌上	有的成功,有的不成功
	坐在大滑板上	成功
	坐在大盆里	不成功

续表

遇到的问题	解决方案	结果
2. 如何启动滑行第一步？	朋友在后面推	成功
	自己用力	成功
3. 怎样滑行更快？	铺上防雨布	成功
	自创木板滑道	成功
	自己用力	成功
	同伴帮助	成功
	做一个冰滑道	气温条件不符合，无法形成冰滑道
4. 衣服被卡住怎么办？	请朋友帮忙	成功
	借助地垫	成功
5. 斜坡太陡怎么办？	放弃滑行	不成功
	铺上薄地垫	有的成功，有的不成功
	铺上厚地垫	有的成功，有的不成功
	请老师帮忙	成功

（三）关注心理，给予适当支持

在游戏过程中，教师要及时关注幼儿的心理变化，并及时疏导。当小文说不敢的时候，老师接纳并尊重她："不敢也是可以的。"有幼儿求助的时候，老师帮他扶好垫子；在幼儿拒绝帮助的时候，老师选择相信和放手。

在游戏分享交流环节，教师能抓住游戏的重点问题与幼儿回顾交流，如就安全与友爱的话题、如何面对困难、如何面对恐惧等进行讨论与分享，引导幼儿正确认识安全与友爱、困难与恐惧，鼓励幼儿在做好自我保护的前提下勇敢面对挑战，积极解决问题。

（四）反思不足，支持游戏推进

1. 改造小山坡的探索

小山坡表面坑坑洼洼，幼儿游戏的时候已经感知到滑行很颠。如果我们能引导幼儿善用周围的材料，如沙子等，让幼儿对小山坡进行改造，也许游戏的趣味性和探索性会大大提高。

2. 滑行活动的进一步探索

除了在小山坡上进行滑行，我们还可以引导幼儿在幼儿园更多的地方进行滑行的探索与尝试。

春夏秋冬,一年四季,小山坡时刻都敞开怀抱在等待着幼儿。幼儿也在小山坡的见证下,进行自由、自主的游戏,有欢声笑语,也会面临恐惧、害怕,却能积极面对,想办法完成各种挑战,从而一次又一次地建构着"我可以!""我能行!"的信念。就这样,游戏点亮了他们的幸福童年!

第二节 "豆宝走四季"主题课程案例

"豆宝走四季"系列主题活动旨在深化幼儿对社会生活的理解和体验,提升他们的社会适应和人际交往能力。在主题活动中我们鼓励家长和幼儿以"研学"方式,走出幼儿园,参与社区活动,通过亲身体验感知社会的发展变化,了解多样的生活方式。

在"豆宝走四季"中,我们组织了一系列参观活动。例如:幼儿参观图书馆,学习挑选书籍,培养阅读习惯,感受知识的魅力;参观博物馆,通过实物和讲解,了解历史演变和文化传承。我们还组织幼儿参观地铁站,让他们了解公共交通的重要性,知道在公共场所要遵守秩序、尊重他人。

这些走出去的活动,不仅让幼儿了解社会的发展变化,还让他们在实践中学会了如何与他人合作、分享和沟通。在参观过程中,幼儿会结识来自不同年龄段、不同背景的小伙伴,他们一起探索、交流,分享彼此的发现。这样的经历不仅锻炼了他们的社交能力,还培养了他们的同理心和包容心,让他们更加懂得尊重和理解他人。

"豆宝走四季"活动还注重通过实地观察和体验,帮助幼儿深入了解人们的生活方式。他们会看到不同职业的人是如何辛勤工作的,了解到每个行业都有其独特的价值和意义。这样的认知有助于幼儿树立正确的职业观念,理解劳动的价值,使他们更加珍惜自己的幸福生活。

➡️ 课程案例 1——地铁 6 号线,我们来啦!

一、主题活动背景

无人驾驶地铁来了,2024 年 4 月 26 日,青岛地铁 6 号线一期工程开通运营啦!这是全国首条采用全自主运行系统(TACS)的线路,全长约 30.8 千米,共设地下车站 21 个,是一条贯穿新区中心城区的大运量骨干线。6 号线一期列车取消了司机室,幼儿和家人纷纷前来体验,观赏隧道内景。

晨间活动时,景初和小伙伴们分享昨天放学时搭乘地铁的体验。幼儿对此充满了好奇,七嘴八舌地讨论起来。

宝宝:上周末妈妈带我坐地铁到城阳的科技馆玩!地铁很快,也很方便。

小初:你知道吗!我昨天也坐地铁了,还是无人驾驶的,在车厢的车头里可以看见地铁在行驶。

恒恒:地铁6号线吗?我也坐了,爸爸带我和妹妹坐的,竟然真的是无人驾驶的。我看到地铁直走和拐弯,像时空隧道一样。

小程:我知道那个地铁6号线是无人驾驶的!它超级快,像过山车一样。

萱萱:地铁没有驾驶员吗?太酷啦,我也要让妈妈带我去坐一坐!

《3～6岁儿童学习与发展指南》中指出:"能感受到家乡的发展变化并为此感到高兴。"青岛地铁作为青岛城市发展的缩影,是城市现代化进程的一个重要象征。让我们一起来探索青岛地铁6号线的奥妙吧!

💡 教师思考

幼儿对地铁充满了兴趣,他们跟同伴分享自己坐地铁的经历,特别是地铁6号线的无人驾驶这一话题,显然是幼儿感兴趣的,是幼儿探究家乡课程的生发点。认识愈深,探究的兴趣愈浓。因此,我们和幼儿探索地铁6号线的故事就此发生了……

二、过程与支持

(一)地铁6号线初体验

在家园共育的教育环境下,在家长资源的支持下,五一假日爸爸妈妈带着小朋友乘坐地铁6号线,通过实地观察、亲身体验等方式,从中了解地铁乘坐流程以及地铁运行状态,感受地铁的魅力。

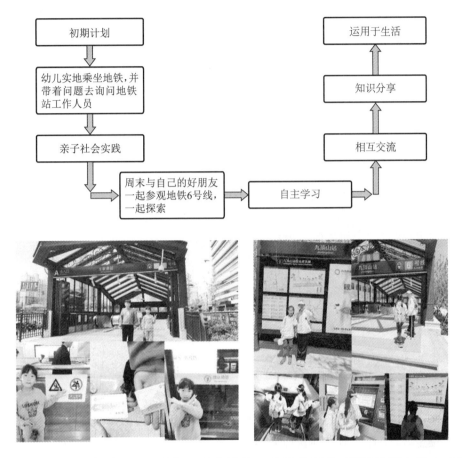

幼儿在家长的陪同下,对自己乘坐地铁 6 号线的所见、所闻用图文的方式进行了记录,主要关注地铁站标识、驾驶室、候车厅等设备设施。乘坐后幼儿进行了经验分享。

1. 买票

大婷:我爸爸找到购票机,屏幕上会有一个路线图,选择要去的目的地,然后用手机支付码扫一扫,机器就会出票了。

久久：我们用的是公交卡，这个公交卡可以用来乘坐公交车，也可以用来乘坐地铁，我妈妈说可方便了。我姐姐用的学生卡，一刷卡就说"学生卡"，我身高不够，可以免票。

小天：我爸爸是用手机上的二维码刷的，爸爸说要打开蓝牙才可以用，就是一个小剪刀的标志。

2. 安检、过检票机

皓皓：进站前，身上有包包的人，需要把随身的物品放到传送带上进行安全检查，记住不能带危险物品啊！

萱萱：安检完，我们就要进站了，买票的人需要刷一下票，那个闸门的箭头变成绿色的，门就打开了。

宝宝：在过检票机的时候要注意快速通过，不然小门又会关上了。

3. 候车

乐乐：地铁站工作人员提醒我们，记得要站在黄线外面等地铁。黄线外面还有三个箭头。中间的是指示下车的人走的位置，上车的人要在边上的箭头处等着。

小艾：我也发现了，我们就是这样站的。

4. 坐地铁

泽泽：爸爸和我说，车门打开后要先下后上，等里面的人出来后再上去。找到座位坐好，会有广播告诉我们下一站是哪里。

久久：车门快关上的时候会有警报，大家一定注意亮黄灯时就不能上车了，如果被门夹到可就危险了！

小米：车厢里有扶手、吊环、座位，还有很多符号。

5. 出站

果果：出站口有两个，大家别走错啊。

小艾：我们就走错了。爸爸说往 A 出口走，姐姐说往 B 出口走。最后我们走的是 A 出口，发现从 A 出口出来以后还要过马路，要是从 B 出口出来就不用了。

支持策略：幼儿在乘坐地铁的过程中，了解了乘坐地铁 6 号线的社会规则，如买票、安检、乘车、出站等，了解了地铁站的外形结构、地铁站的人物及环境。同时，更深层次地了解了地铁站，积累了相关知识和生活经验。这为后续游戏进行了很好的铺垫。

（二）地铁 6 号线与地铁 1 号线实践调查

在体验乘坐地铁的过程中，幼儿有了很多新的疑问，他们用图画表征的方式呈现出来，是不是所有的地铁都是一样的呢？面对他们千奇百怪的疑问，我们发放了地铁 6 号线与地铁 1 号线的对比调查表，他们采用绘画的方式记录了相关内容。

 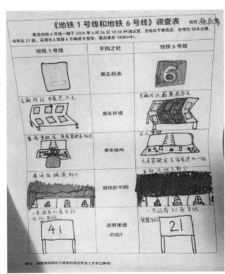

佳佳：我觉得地铁 6 号线比地铁 1 号线更聪明，有很多不一样的地方。

牛牛：地铁 6 号线是智慧地铁，我也觉得它很聪明。

通过分享幼儿的调查数据，教师帮助幼儿整理了关于地铁 6 号线的优势，和智慧科技在地铁方面的应用。

1. 地铁 6 号线和地铁 1 号线都可以"观景"吗？

地铁 1 号线不可以。地铁 6 号线取消隔离式驾驶室，在列车头部、尾部设有"观景区"。乘客可以透过车窗观看列车全自主运行情况，沉浸式感受列车在地下隧道飞驰。光影交汇间，仿佛穿梭在时光隧道里。

2. 地铁 6 号线到底有多聪明呢？

地铁 6 号线一期全面应用智慧车站，利用视频 AI、物联感知、人员定位、BIM 等智慧化手段，融合人、事、设备、流程等业务模型，实现精准的乘客服务和事件处理。例如，当携带大件行李或推婴儿车的乘客乘坐扶梯时，智慧车站将通过 IP 广播进行定向播报，主动提醒他们乘坐直梯。在识别轮椅和孕妇乘客后，智慧车站会第一时间通知最近的工作人员前往主动服务。当乘客在扶梯上摔倒或晕倒时,智慧车站可以实现第一时间远程停梯,并通过手持终端和手环同步推送给最近的工作人员前往处理,从而大幅度提高了突发事件的发现和响应效率。

3. 地铁 6 号线哪些地方比 1 号线更方便?

地铁 6 号线一期车站站台显示屏在显示后续列车到站信息的基础上,创新增加了车厢拥挤度和温度显示两个指示,方便乘客选择适宜的车厢乘坐。地铁 6 号线一期车站出入口上方设有 LED 显示屏,显示当前站点首末班车信息,方便乘客合理规划出行时间。地铁 6 号线一期闸机采用"拍打式"扇门,扇叶设计符合人体工程学原理,开关门速度更加柔和,冲击力更低,更好地保护儿童和孕妇等人群。

4. 地铁 6 号线和地铁 1 号线是连着的吗?

地铁 6 号线路整体位于西海岸新区,共设地下车站 21 座,与地铁 1 号线王家港站、西海岸快线辛屯站共 2 座车站换乘。地铁 1 号线全线途经市南区、市北区、李沧区、黄岛区等 4 个地区,共设地下车站 40 座,线路比地铁 6 号线更长,路程更远。

5. 我们如何联系车站工作人员?

(1)如您位于站厅,可就近寻求安检人员帮助或通过智能服务中心自助票务处理终端"一键呼叫"按钮联系车站工作人员。

(2)如您位于站台,可就近寻求车站站台岗员工帮助。

(3)如您在乘车过程中需要帮助,可以拨打青岛地铁服务热线 0532-55770000,告知所在车站、所处位置和个人需求,车站工作人员将第一时间前往处置。

❓ 教师思考

幼儿通过实际体验乘坐地铁 6 号线后,又引发了对其他地铁线路的好奇。于是教师通过问题大搜集,梳理形成了"问题清单",从而师生能够带着问题开展"豆宝走四季"的研学之旅,让幼儿在实践中寻找答案,培养幼儿成为自主探究的学习者。

（三）搭建地铁6号线

实地乘坐地铁后,幼儿对地铁有了更浓厚的兴趣。教师们经过一番讨论,根据幼儿的兴趣点,将地铁游戏贯穿到户外活动中。幼儿萌发了想要设计和搭建未来地铁站的想法。在这一过程中,幼儿体验到了游戏和创作的快乐。

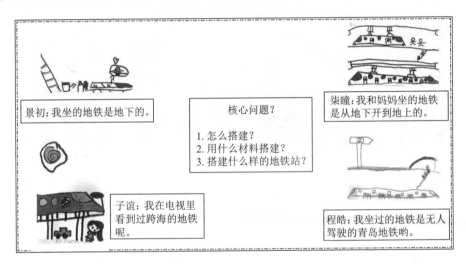

1.第一次建造

幼儿经过商量和讨论,选好自己的建造目标,同伴分组合作搭建地铁站内的重要设备。

幼儿结合图纸和自己的已有经验,在搭建轨道和地铁站主建筑的时候,出现了问题:一个问题是轨道是平面的,站不起来;另一个问题是"青医附院"站台垒不高,风一吹就倒了。

支持策略：在"青岛地铁6号线"的主题背景下，开展了户外搭建活动。幼儿的搭建内容也悄悄地发生了变化，和地铁联系在了一起。在初次试搭建地铁站中，教师支持幼儿根据自己已有的经验进行搭建，鼓励幼儿记录下问题。

2. 第二次建造

在前一次的搭建中，幼儿通过分组的方式商讨解决问题的办法，最终在反复实践中，通过架高的方式解决了轨道的立体搭建问题，通过采用"U"形搭建的方案解决被风吹倒的问题。

🔮 **教师思考**

《幼儿园保育教育质量评估指南》中提出："发现和支持幼儿有意义的学习，采用小组或集体的形式讨论幼儿感兴趣的话题，鼓励幼儿表达自己的观点，提出问题、分析解决问题，拓展提升幼儿日常生活和游戏中的经验。"幼儿对于建造地铁提出了自己的疑问和想法，作为教师，我们可以鼓励幼儿对地铁搭建进行设计，组织幼儿收集班级里可以利用的材料，与同伴绘制设计图，进行分工合作。

3. 第三次建造

幼儿利用长木板与短木板搭建轨道，轨道初形已经成功完成。赵佑在轨道上放入长方形木块来表示一节一节的轨道，在轨道上再搭建无人驾驶的地铁。无人驾驶的地铁是利用青医附院的"U"形搭建方式与架空的方法来建造无人地铁的车头。

结合大婷与皓皓、冉冉等讨论的结果,他们分别在地铁站里添加了安检区、等候区、公共卫生间、智能控制室、换乘站等。

❓ **教师思考**

幼儿的好奇心、求知欲在建构过程中不断推动他们主动发现问题、解决问题,逐步推进课程的发展。我们支持幼儿的想法,肯定他们的挑战和创造,放手让他们自主交流和实践。

三、活动的特点及价值

(一)兴趣是促进幼儿学习的最大内在动机

通过"地铁"这一系列活动,我们发现,从开始的地铁大探秘到搭建地铁,幼儿都在持续思考并付诸行动。教师全程作为观察者、引导者,不断地支持幼儿的活动,保持幼儿的探究兴趣,提升幼儿实际操作的经验,使得活动在师幼互动中得到持续发展。在本次活动中幼儿积累了经验,锻炼了不怕困难、坚持不懈的品质。幼儿在困难中学会了思考问题、解决问题,在协商交流中学会合作互助,最后在亲身操作中获得成功的体验。

(二)以问题为导向追随幼儿展开深入探究

对新鲜事物感到好奇是幼儿的天性,奇妙的遇见充满了惊喜。我们一直以来是以问题为导向,积极鼓励幼儿用语言、设计、制作、建构、游戏的方式表达出对于地铁的结构、运行的认识,提升幼儿表达及探索的能力。

(三)幼儿从"课堂学习"走向"真实情境体验"

前期幼儿通过参观、乘坐、体验、调查等多种方式,了解地铁的功能、特点及相关设施,并通过建造地铁站、增添地铁站设施,将经验转化到实际的应用;最后在游戏体验中,习得坐地铁的流程、购票的经验、坐地铁的礼仪等知识。整个活动中,幼儿从"被动学习"走向"主动学习"。幼儿是天生的学习者和探究者,当他们专注于感兴趣的事情,想办法去解决真实而有意义的问题时,他们就是在"学习"。幼儿运用各种方法去发现与解决问题,包括计划、调查、观察、合作、解决问题、修改等,化被动为主动。

(四)"园家社"一起努力,搭建联动共育平台

本次活动中,家长积极配合幼儿园开展"豆宝走四季"研学活动,主动利用周末时间陪伴幼儿一起探索地铁。社区内的地铁工作人员也能够积极配合,在采访活动中极大地满足了幼儿的好奇心。在"园家社"一起努力下,本次活动得以顺利开展。

▶▶ 课程案例 2——超级大桥建造记

一、活动背景

青岛跨海大桥横跨青岛胶州湾,把青岛东、西两个主要城区连接起来。东起主城区 308 国道,跨越胶州湾海域,西至黄岛红石崖,路线全长约 35.4 千米,其中海上段长约 26.75 千米。青岛东西海岸之间有宽阔的胶州湾天然隔断,水路交通常因大风、大雾而停摆,货物运输不得不依靠舍近求远的环胶州湾高速公路来实现,给东海岸、西海岸的货运和客运带来极大不便。跨海大桥破解了胶州湾的天然瓶颈,使"天堑变通途"。青岛胶州湾跨海大桥深深吸引了幼儿,于是,在幼儿园的沙水区,一项超级工程诞生了。

二、活动过程

(一)争执后的"罢工"

这一周的上午都是幼儿的沙水游戏时间。幼儿在做游戏计划时,梓梓提议建造"超级大桥",用透明管当桥面,用立板和鱼板做支撑。这个想法很快得到了其他幼儿的响应,大桥建设开始了。

可是没过多久,沙水区就传来了幼儿的争执声。

梓梓一跺脚,大声喊道:"港珠澳大桥是弯弯曲曲的!"

硕硕争辩道:"我们建的有拐弯!"

梓梓说:"你们小男生建的大桥拐弯不对!和我们建的大桥连不起来!而且你们是两层的大桥,没有这样的大桥!"

原来,幼儿自动分成了男生组和女生组,两组大桥即将相连,却发现接口间的距离放不上长透明管,短透明管又不够长。幼儿尝试用剖面管连接,结果还是差一点。小男生和小女生最终爆发了争执,硕硕把透明管一扔,说:"不玩了!"

硕硕一句话,小男生们集体"罢工"。小女生们也提起小桶到一旁玩起了过家家。这时,俊博打开了水龙头,水顺着管子流到沙地上,没一会儿就形成了一个大大的水洼。幼儿兴奋起来,挖水渠,踩水洼,不亦乐乎。竣博说:"哇,这不就是真的海吗?!"

听到竣博这句话,硕硕立刻说道:"海上要有跨海大桥。"

梓梓说:"跨海大桥要很多人搭建,我们一起搭建吧!"

幼儿顿时又燃起了搭建"超级大桥"的兴趣。

游戏分享时间,硕硕为我们讲述了"罢工"事件。幼儿讨论起两组大桥连接不上的原因,决定重新分组,仿照大桥模式,建造属于自己的"超级大桥"。经过讨论,幼儿分成了桥梁组、海底隧道组和人工岛组,并且一起绘制了"超级大桥"的设计图。幼儿约定好,明天继续搭建"超级大桥"。

🕵 教师思考

当幼儿"罢工"时,教师一度想要介入,可又发现幼儿虽然"罢工",兴趣点却没有转移,还没有真正放弃游戏。于是,教师继续充当观察者和记录者,没有介入游戏。幼儿有较高的合作水平,也知道分组搭建效率更高,却忽略了对大桥的整体规划,导致两组辛苦搭建的大桥没能成功地进行对接。问题的出现,让幼儿切实感受到了建设一座大桥的不易,感受到了整体规划的重要性,产生了更加合理的分组,并且绘制了设计图,为接下来的游戏做了铺垫。

(二)"桥隧对接"成功了

幼儿确定了分组和设计思路后,第二天重新开始搭建"超级大桥"。各项工程有序推进。人工岛组的幼儿用剖面管当运送货物的通道;海底隧道组的幼儿选择将铝箔排烟管作为"海底隧道",并用沙子进行加固;桥梁组的幼儿在进行跨海大桥的搭建。幼儿终于迎来了"桥隧对接"的关键时刻,成功就在眼前。然而就在此时,幼儿又遇到了一开始发生的问题。

腾腾试着用剖面管连接"海底隧道"和"跨海大桥",可是剖面管太长,无法进行连接。玥玥拿来了透明管,结果也不合适。怎么办呢?乔乔看着铝箔排烟管想出了一个好主意,她将"海底隧道"一拉,改变了"隧道"入口的方向,再一提,"海底隧道"成功与"跨海大桥"相连。

乔乔说:"好了,现在加沙子吧。"

幼儿很有干劲,你一铲,我一铲,没几下,"海底隧道"塌了。梓梓说:"怎么办! 刚建好的!"乔乔左右环顾,拿来一个瓶子说:"我有办法了。"说着,她将瓶子垫在"海底隧道"底部支撑住,让"海底隧道"重新与"跨海大桥"连接了起来。梓梓用沙子进行加固。没一会儿,乔乔却突然说:"别加沙子了,不行!"

梓梓问:"为什么不行?"乔乔说:"折过来了,'隧道'不能折过来。"

铝箔排烟管材质轻薄,仅用瓶子支撑,一旦上方有重量,很容易弯折。

乔乔说:"弯着弯着,还是会塌的。"

梓梓问:"那怎么办?"

乔乔摇摇头,"桥隧对接"又陷入了僵局。

梓梓挠挠头,突然笑道:"我知道了,可以用瓶子撑着,但是我们不能从上面加沙子。"

梓梓开始了示范,边铲沙子边说:"就像这样,我们先把瓶子埋起来,这样'隧道'就不会弯了,然后再在上面加沙子。"

梓梓的想法是先从"隧道"底下加沙子,垫高"隧道",然后再在上方加沙子进行加固。这个方法既没让"隧道"弯折,又保证了"桥隧对接"。问题解决了,幼儿高兴地鼓起了掌。人工岛也已经建设完成,看来,"超级大桥"马上就要竣工了。

⚡ 教师思考

本次游戏,教师充分相信幼儿,放手让他们解决"桥隧对接"中发生的问题。开始时,幼儿利用铝箔排烟管可以自由伸缩转弯的特点成功进行了"桥隧对接"。但同时铝箔排烟管轻薄的特点也让悬空的"隧道"承受不住沙子的重量从而坍塌。在一次次探索和解决问题的过程中,幼儿对游戏材料的特性有了更加清晰的认识。"桥隧对接"的整个过程,充分体现了幼儿勤于思考、勇于尝试、乐于探究的良好学习品质。

(三)"超级大桥"状况百出

攻克了超级难题,幼儿想快点让"超级大桥"通车。可是遥控车太大,无法进入透明管道,普通小汽车又没有动力前进,怎么办呢?幼儿想到了一个好主意。他们打开水龙头,让水流推动小汽车前进。

可是没一会儿,沙水区就传来了幼儿的喊叫声:"漏水啦!漏水啦!"

原来还没等着放上小汽车,幼儿就发现"跨海大桥"并不坚固,管道连接处有漏水的现象,有的连接处甚至已经断开。幼儿围在一起进行"抢修"。

有的幼儿试图拧紧三通管,有的幼儿开始挖水渠将水引走,有的幼儿拿来小桶接水,有的幼儿找来一截PVC管改变水流方向……大家齐上阵,虽然还有漏水的地方,好在大桥没有再次倒塌,毕竟大桥最主要的是通车,不是引水。幼儿拿来小汽车,兴奋地想要看看大桥通车的样子,可是很快小汽车就全部堆在了一起,大桥"堵车"了。幼儿你一言我一语地讨论了起来。

霖霖说:"水往低处流,水都过不去,小汽车也过不去。"小峰提议:"那我们把大桥弄低一点吧。"霖霖说:"可这就是最矮的立板了。"小峰说:"用别的东西架住大桥不就行了吗?"小峰从材料筐里拿来几块积木作为大桥的支撑。这下,小汽车顺水而下,十分通畅。

再来看海底隧道组。竣博打开水龙头,发现水流无法通过"海底隧道",他左看右看,瞧出了问题,叫来伙伴说:"我已经放了很多水了,就是流不过去。你们看,'隧道'已经塌了,被沙子压扁了。快把沙子都铲走。"

回到班级后,幼儿提出了一个问题:"隧道"上方一直压着沙子,为什么现在才把"隧道"压扁呢?幼儿纷纷发表了自己的看法:"有可能沙子是一点一点压扁'隧道'的,不是一下子压扁的,所以一开始我们没有发现。""大风刮来了更多沙子,沙子就变重了。""也有可能是沙子喝饱了水,有了很大的力气,一下子就把'隧道'压塌了。"……

幼儿的想法五花八门,可究竟是怎么回事呢?那我们就一起来试验一下吧!幼儿园的沙水区有两截一样长、一样宽的排烟管,幼儿把其中一截的上头盖上了沙子,放在沙水区验证沙子可不可以自己慢慢变重;另一截则被拿到了另一边,探究沙子喝饱了水是不是有力气压塌排烟管。随着沙子上水的增多,排烟管一点一点塌陷。竣博说:"原来沙子和水在一起变重了。"

"隧道"坍塌的成因就此找出。那怎么解决这一问题呢？幼儿纷纷发表了看法。

"下次少放一点沙子。""给沙子上盖一层保护膜,沙子就没办法喝水了。""别用排烟管了,用透明管当海底隧道吧！"……

更换"隧道"材料的想法得到了幼儿的支持。于是,"海底隧道"重建工程开始了。幼儿干劲十足,凭借着以前的经验一会儿就建造出了新的"海底隧道"。

教师思考

幼儿尝试了许多方法解决漏水问题,结果不甚理想。他们没有气馁,而是继续进行探索。幼儿能及时发现问题、解决问题,对问题背后的成因也进行了大胆的猜想与验证。他们直观感受到了"隧道被压扁"的成因,了解了沙子的吸水性,同时对铝箔排烟管的特性有了更深层次的理解,还提出了更换材料的想法并付诸实践。这是对游戏过程的总结,也是对游戏经验的提升。

（四）加固"超级大桥"

当幼儿再次回到沙水区,第一件事就是打开水龙头。他们期待看到小汽车顺利通过大桥,可一不小心,就会弄断大桥的接口处,"断开—连接—再断开—再连接"……幼儿重复着这样的动作,小汽车总是走到一半就遇到接口断开的情况。

竣博说:"怎么办？都通不了车了。"

梓梓想到了一个好主意,她说:"要不就找绳子把桥拉起来吧,港珠澳大桥就是拉起来的。"

说完,梓梓跑回了教室,不一会儿从班里拿来了一根绳子。当发现绳子太长需要剪短时,她又毫不犹豫地跑回班里拿来了剪刀。

可是这样大桥就坚固了吗？幼儿发现即使有绳子拉着,大桥依然会倒塌,"或许是没有系紧""可能是绳子太细了"……带着这些猜想,幼儿系紧绳子,去班级美工区拿来了更粗的绳子。但在多番尝试无果的情况下,幼儿摒弃了这样的加固方式,转而给立板和鱼板的交叉处填沙子,又合作拧紧了大桥接口处。大桥总算是牢固了!

❓教师思考

"超级大桥"的质量隐患还没有解决,幼儿就迫不及待地想要大桥通车,结果导致了一次又一次失败。在解决问题的过程中,幼儿能够回想港珠澳大桥的桥体结构,进行经验迁移,同时打破场地限制,寻找新的材料,运用多种方式对大桥进行加固,不断尝试,持续思考,迸发出了许多精彩瞬间。终于,大桥就要通车了!

(五)"超级大桥"正式通车

加固工程完成后,幼儿打开水龙头,放上小汽车,兴奋地看着一辆辆小汽车驶向终点。小汽车越放越多,还是出现了"堵车"问题。小汽车为什么不继续前进了呢?

俊俊说:"水流太小了。"

霖霖问:"那为什么刚才小汽车动了?"

乔乔说:"是不是管子里的沙子太多,小汽车走不动了?"

幼儿的手上都有沙子,在拨动水流的过程中,沙子也被带到了桥上,摩擦力增大,小汽车这才无法前进。在清理完桥面的沙子后,小汽车顺利通过了"超级大桥"。"超级大桥"正式建成啦!

❓教师思考

建造"超级大桥"对幼儿来说是一个巨大的挑战,需要幼儿前期积累一定的经验,才能在问题解决的关键时刻进行迁移。乔乔已经有了关于摩擦力的相关经验,所以经过观察能够发现"堵车"的成因。从一开始幼儿相互争执到后来合作解决遇到的问题,再到最后"超级大桥"顺利通车,整个游戏过程循序渐进,环环相扣。在不断实践的过程中,幼儿培养了耐心做事、细心观察及不畏困难等良好的学习品质。

三、活动的特点及价值所在

(一)玩中学,自主游戏助推幼儿发展

1.在问题解决中,培养幼儿良好的学习品质

"罢工""桥隧对接""大桥漏水""大桥堵车"一系列问题的产生,无不说明游戏是一个连续性的动态过程。在解决问题的过程中(见表3-3)幼儿从猜想到验证,从始至终都能专注地进行游戏,遇见困难也没有游离退缩,而是持续地获

得新的经验以运用于后续问题。他们在游戏过程中表现出的积极态度和良好行为倾向是终身学习与发展所必需的宝贵品质。

表 3-3　问题、解决方案及结果

问题	幼儿的猜想	解决方案	结果
两组大桥无法连接	大桥拐弯方向不对	无	在争论中两组都进行了拆除
桥隧无法对接	隧道的接口方向不对	改变接口方向,拉伸隧道	隧道被沙子压塌
	隧道底下没有支撑	用废旧的瓶子支撑	隧道弯折
	加沙子的顺序不对	从底部填沙子	成功
管道漏水	接口处没拧紧	拧紧接口	稍有改善
	不能让水流到沙地上	用水桶接水	水桶很快满了
	把水引到别的地方	挖水渠	成功
大桥堵车	没有水流推动	改变大桥高低走向	成功
	沙子堆积太多	清理沙子	成功
隧道坍塌	沙子变重了	铲走上方沙子	成功
	排烟管太软	更换成亚克力透明管	成功

2. 在与材料的互动中,提升幼儿的科学认知

游戏中,幼儿为了完成"超级大桥"各部分的搭建,尝试使用了多种游戏材料,在不断的探索和尝试中,与材料进行了充分互动,对材料的特性也有了更深层次的了解,实现了多种材料的创新性玩法,提升了对材料的感知运用能力。

3. 在与同伴交往中,提升协商合作能力

本次游戏的挑战性引发了幼儿的协商与合作,这是面对难题时的自然互助,也是浓厚兴趣中的自发牵手。不管是搭建过程中的配合,还是遇到问题时的讨论,都体现了幼儿高水平的协商合作能力。这样的"超级工程"让幼儿深刻体会到了团队的力量,共同分享成功的喜悦。

(二)知中行,做好支持以丰富后续活动

1. 开放游戏空间,丰富游戏材料

在平时进行沙水游戏时,教师总要求幼儿专注,在游戏过程中不要离开沙水区,却忽略了幼儿真正的需求。在验证大桥是否能够通车时,幼儿自主在班级中搜寻了大小合适的玩具汽车。在给"超级大桥"加固的过程中,幼儿需要用到绳子和剪刀,所以自主自发地去美工区拿取材料。这些幼儿自发的行为让老师感到十分惊喜。

沙水区材料种类再丰富,也不可能完全满足幼儿游戏的需要。不限定幼儿的游戏空间,幼儿就有了更多选择、更多尝试、更多想法,进而有了更多创造、更多体验、更多提升。

2.遵循幼儿兴趣,支持幼儿探索

接下来我们将根据幼儿在游戏过程中表现出的兴趣点:如何在桥下引水过船?怎样才能在建桥的同时保护海洋生物?可不可以建造双层大桥?……和幼儿一起搜集资料,挖掘家长资源,支持幼儿在感兴趣的领域持续探索。

➡➡ 课程案例3——厉害了,我的国

一、活动背景

2023年10月1日,迎来了第74个国庆节。在大班主题活动"我是中国人"实施过程中,幼儿了解了国庆节的来历,观看了往年的阅兵视频,由此对天安门城楼以及阅兵仪式上的中国战机、大炮等产生了浓厚的兴趣。我们根据幼儿的兴趣以及主题的生成,在区角中投放了中国的建筑、自主设计的武器等相关图片和资料,并开启了"厉害了,我的国"的搭建之旅。

二、活动过程

(一)规划分组,却陷入"意外"

教师和幼儿围坐在一起,讨论着搭建的主题"厉害了,我的国"。"一说起中国,你会想到什么?""你认为搭建什么最能代表我们中国呢?"教师问幼儿。

1.幼儿眼中的"厉害中国"

"我去过北京天安门和长城,人可多了……""中国有解放军叔叔,他们会保护我们""大阅兵时有好多战斗机啊,我最喜欢的是轰炸机"……

"宝贝们,你们的见识可真不少!不过每个人的想法都不一样,都觉得自己说的是最厉害的,这可怎么办呢?"教师把问题抛给了幼儿。

"要不,我们'石头剪刀布'吧!谁赢了谁决定!"迪迪说。

听了迪迪的建议,幼儿积极行动起来,确定了四个搭建主题:天安门组、战机组、万里长城组、辽宁号组与山东号组。同时,幼儿根据自己的兴趣进行自主选择,加入不同的小组,就这样搭建小组成立了。

❔ **教师思考**

在和幼儿讨论中发现,他们有丰富的生活经验,30个幼儿有30个想法。怎样才能兼顾大家的想法,同时又保证搭建活动顺利进行呢?迪迪的"石头剪刀布"方式,既保证了游戏的公平性,又能在一定程度上尊重幼儿的意愿和兴趣。在搭建之初,教师将游戏的自主权还给幼儿,为他们后期快乐、自主地搭建奠定了基础。

2. 意想不到的搭建场面

确定好搭建内容后,幼儿开始了第一次搭建。可是整个户外搭建区出现了意想不到的场面:栋栋带着几个小男孩满院子跑,长城组的幼儿却跑到了天安门组,战机组的飞机没有翅膀,芊芊哭着告状说有人抢了她的积木……

第一次搭建就在这种场面下匆匆结束!回到教室后,我们谈论起刚刚的"战场"。

凯凯:我们刚搭建好就被其他小朋友给碰倒了!

小旭:我不知道要干什么,我不会搭建。

馨馨:我觉得没有意思,薛誉栋一直在捣乱,我就去追他了。

世栋:他们老是抢我们的积木,我很生气!

面对他们的争论,教师提出问题:"如果我们再去搭建一次,你们有什么好办法解决掉这些问题?"

迪迪:我们得商量好游戏的规则,然后大家都遵守。

辰辰:我觉得要先设计好图纸,我们看着图纸搭建。

涵涵:每个小组选一个小组长,和我们一起搭建。

根据幼儿的意见,我们开始自主设计图纸、商讨搭建规则和竞选各组组长。

❓ 教师思考

所有的问题都是幼儿成长的机会。面对搭建过程中出现的问题,教师要引导幼儿思考如何解决。在此过程中,教师看到了幼儿的智慧:判定游戏计划,进一步商讨制定游戏规则。判定游戏计划,一方面,可以帮助幼儿梳理对搭建物的零碎、片段式的经验,将幼儿头脑中存储的表象以图画符号的形式表达出来;另一方面,图纸的设计也增强了幼儿游戏的目的性、计划性,减少幼儿无效游戏行为。此外,皮亚杰认为:"游戏规则是由儿童们自己商定的,一旦确定了规则,参加的人就有义务遵守它。"幼儿以自己的方式建构游戏的程序和规则,激发了他们的参与性、创造性。另外,组长也起到榜样和协调作用,在一定程度上增强了小组的凝聚力。

(二)约好规则,但麻烦接踵而来

1."呼隆隆"又一次倒了

次日,幼儿再一次来到户外!一声"呼隆隆","天安门"又一次倒塌。这是第三次倒塌了,每次搭建到第三层时便支撑不住了。

凯凯说:"我觉得是因为柱子太少了,而且还不够高!"

涵涵说:"这个地面有草,不平!所以会一直倒塌。"

小钰说:"我们要小心一点,这样它就不会倒塌了。"

"可以把这些草使劲踩一踩,把它们踩平了就不会倒塌了。"涵涵说。

"可是小草会疼的呀!我们不能踩草,这属于破坏公物,小心警察抓走你!"小钰说完,便引来所有幼儿的哈哈大笑。

正在大家一筹莫展的时候,经常在搭建区玩的震一说:"在最下面垫一块板子,地基不就平了嘛!以前我们在黄垫子上搭建的时候就是这样做的!"

听取了震一的意见后,凯凯拖来最平最长的木板铺在草坪上,并将最底层的5个两孔圆柱增加到10个四孔长方体来增加承重,"倒"的问题就这样迎刃而解了。

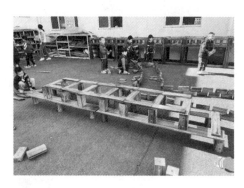 

❓**教师思考**

面对天安门"倒塌"这个问题,幼儿能够静下心来寻找背后的原因。他们发现是因支柱太少、地不平造成的,并积极寻找解决的办法。震一的建议得到了大家的采纳,于是他们尝试用宽木板来加固地基,用更多的四孔长方体积木来增加承重力量,问题得到顺利解决。在此过程中,教师一直在旁边观察,放手让幼儿自己发现问题、解决问题。他们在遇到问题、解决问题的过程中培养了多种学习品质,也收获了成功的喜悦。

2. 材料不够怎么办?

"积木倒塌"的问题解决了,"积木缺少"又是他们面对的新问题。

小钰说:"积木都被其他组拿光了,没有二孔的长方体积木了。怎么办呢?"

辰辰说:"要不我们去其他组拿吧!"

涵涵说:"不行,不行!拿其他组的积木是不对的,我们要遵守游戏规则。"

凯凯说:"我们班里也有积木,我们去班里拿积木。"

小钰说:"班里的积木和外面的积木的颜色不一样呀!"

看着幼儿陷入了僵局,教师提出:"积木有高的,也有矮的,能不能让它们一样高?"

涵涵看着脚边上散落的大大小小的积木块,突然对着迪迪说:"我们把小的积木一个个摞起来,这样就是一个大的了。"于是他将四块单元积木摞起来,左右两边分别摞起了两块二倍单元积木。"哇,一样高了!"

迪迪看到涵涵的做法后恍然

大悟。他也拿来了许多小正方体积木,有四个单元积木摞在一起的,有两个二倍单元积木摞在一起的。积木缺少的问题就这样被成功解决!

❓教师思考

当幼儿的游戏停滞不前时,教师抛出问题:"积木有高的,也有矮的,能不能让它们一样高?"从而让幼儿打破思维牢笼,把注意力聚焦在积木的形状与大小关系上,从而思考整体与部分的关系,观察和比较所用材料的形状和大小。最后,让教师惊讶的是,幼儿通过游戏感知理解了复杂的换算公式:1 块 4 倍单元积木 =2 块 2 倍单元积木 =4 块单元积木。作为教师,深信幼儿在游戏中感知到的经验最终也会迁移到他们今后的数学空间逻辑关系和思维运算上。

(三)经验变化,再一次打破重组

终于,天安门城楼搭建好了!在分享时,去过天安门的涵涵提出这样的问题:"我见到的天安门不是这样的,天安门有三层,前面是金水桥,早上还要升国旗。"于是,老师又找来了视频和图片,引导幼儿进一步观察天安门的城台、城门、屋檐以及周围的金水桥、石狐、华表……结合细致的观察,幼儿进行了表征。

1.屋檐不像怎么办?

幼儿带着天安门城楼的新设计图再一次进行搭建。有了前几次的搭建经验,天安门城楼终于开始到了"封顶大吉"的时候了。

昊昊一开始用很多三角形的积木表示天安门的屋檐。可是涵涵说:"老师刚给我们讲过,这是歇山顶建筑式,正面和背面像一个梯形,不能用三角形。"

昊昊辩解道:"可我们没有那么大的梯形啊!"

涵涵说:"我们画一个屋顶放上就好了。"

之后,他们找来 kt 板和刻刀,按照自己的想法合作做好了"金灿灿的屋檐"。吴昊拿起两块小梯形积木,一前一后地支住了"屋檐"。

2. 天安门前的金水桥

主体城楼搭建好后,幼儿根据设计图,开始搭建金水桥。拱起来的桥用什么形状的积木呢?

这个问题对大班幼儿而言不难! 奕凯在积木架中翻找,最终拿来最大的拱形积木和高高的长方体积木。原来,他把拱形积木搭在长方体积木上表示金水桥。

最后,经过与天安门组幼儿合作,雄伟壮观的天安门城楼搭建成功!

🔔 教师思考

幼儿的认知是螺旋上升式的,从基本认知到建筑结构的认知,再到周边建筑的认知,是幼儿表象经验不断丰富的体现。但如何将头脑中的表象经验内化成表征符号,再将这些符号以各种形状的积木表现出来?我们看到幼儿将立体的歇山顶以平面的梯形表现出来,这是幼儿的智慧,也是大班幼儿思维特点的充分表现。

(四)完美闭幕,再现大阅兵情景

1. 祖国妈妈过生日是一件大喜事!

"明天就是国庆假期了,我们怎么庆祝呢? "老师问大家。

骄骄说:"祖国妈妈要过生日了,我们做一些小彩旗吧! "

熙熙说:"我和骄骄去美工区做。"

彤彤说:"我们班还有很多小旗帜都可以摆上去。"

于是,幼儿自发地成立"彩旗队"来庆祝节日。

2."厉害了,我的国"大阅兵开始啦!

整个户外彩旗飘飘,鲜艳的中国红似乎在表达着对祖国的祝福。最后的时间幼儿都在互相欣赏和观摩。这时小旭、鑫鑫学着"大阅兵"里的场景,有模有样地模仿起军人叔叔走正步、敬礼,嘴里还一直模仿着阅兵式里的情景大声喊着:"为人民服务。"其他幼儿看见后也纷纷模仿起来,有唱《歌唱祖国》的,有假装开战斗机的,有挥舞旗帜的,有三五成队齐步走的……最后,教师和幼儿留下了精彩的合影。

❓教师思考

幼儿依据自身过节日的经验,营造了浓浓的国庆节日氛围。这说明幼儿在搭建过程中不仅关注搭建物的整体结构,还将搭建时的心理感受、隐形的细节方面表达与表现出来。此外,"敬礼""大喊'为人民服务'""走正步"这些行为,是幼儿在前期经验中潜移默化得到的。当出现相似的场景或情景时,幼儿就会自然而然地再现和生发这些行为,使最初的搭建游戏衍生出"大阅兵"表演游戏。我们所要做的就是跟随幼儿,让他们成为真正的自己,倾听他们的声音,让游戏成为真正的游戏。

三、教师反思

（一）"事故"与"意外"：促成幼儿的学习品质

"分组—意外—麻烦—重组—闭幕"，游戏中的每一天都会出现大大小小的"事故"与"意外"，但是这些都没有阻碍幼儿继续游戏的热情，反而使得游戏充满了挑战与惊喜。

我们不得不承认，幼儿才是真正的"游戏专家"。画图纸、小组分工环节体现了大班幼儿做事的计划性和积极性；"你运输，我来建""有问题，共商量"，为了完成共同的目标，他们分工合作，社会性得到了发展；从"意想不到的场面"到"麻烦接踵而来"，到最后的"大阅兵"，让我们看到了幼儿做事的专注度和坚持性；当面对材料不足时，幼儿惊奇地发现：1块4倍单元积木 =2块2倍单元积木 =4块单元积木……这些都让我们惊叹幼儿在游戏过程中的学习是一种有意义的、有长远效果的学习。

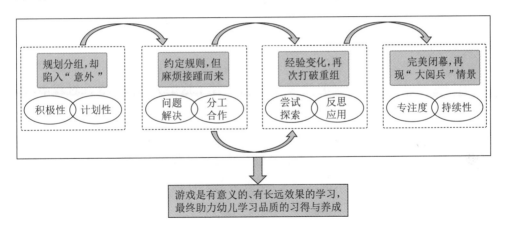

（二）"有为"和"不为"：分角色助力幼儿游戏

在游戏过程中，教师始终在"有所为"和"有所不为"两种状态中支持幼儿游戏。

在搭建前期经验的铺垫上，教师是"有所为"。"一说起中国，你会想到什么？""你认为搭建什么最能代表我们中国呢？"开放性的问题一抛出，大班幼儿依据自身经验和主题开展而滔滔不绝，从而让更多的幼儿产生搭建的兴趣和意愿。当幼儿因材料不足而停滞不前时，教师是"有所为"。一个启发性问题"积木有高的，也有矮的，能不能让它们一样高？"引起了幼儿的思考，通过比较、测量，他们发现了单元积木与二倍单元积木、四倍单元积木之间的大小关系。当幼儿提出"与见过的天安门不一样"时,说明幼儿头脑中的经验需要重建与更新,教师是"有所为"。从观察了解到表征梳理,幼儿最终生成了新的经验,并将表象经验中的立体歇山顶转化为平面的梯形。

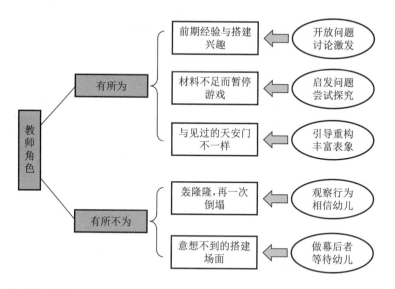

同时,教师也有很多"有所不为"的时候。例如,幼儿在遇到一次次倒塌之后,他们通过讨论和原有经验迁移,最终解决掉了这个大麻烦。在此过程中,教师始终相信他们、倾听他们,最终选择不介入。此外,混乱的游戏现场、沸反盈天的告状等,虽然让人极为头疼,但是教师并没有剥夺幼儿的游戏权利,而是让他们成为"导演",教师以"幕后者"的身份在等待幼儿建构行为的自主习得。让人惊喜的是,幼儿能够面对出现的问题,通过协商合作共同解决问题。在这个过程中他们的各方面能力得到了进一步发展。

(三)游戏与情感:小小爱国种子已萌芽

游戏能使幼儿的生活经验和情感得以充分流露与表达。在喜迎国庆节之际,阅兵视频上的一切情景都深深地吸引着他们。虽然大部分幼儿没有去过天安门,也没有见过真正的战机、航母,但是他们能够在此过程中了解到日益强大的祖国有雄伟壮观的建筑、了不起的武器,由此产生了非常强烈的民族自豪感。同时,幼儿又能够依据自身的生活经验,以搭建的方式表达自己对祖国的热爱。尤其是最后,幼儿自发生成的"大阅兵"更是把他们内心的情感推向了高潮。

"厉害了,我的国"搭建游戏满足了幼儿内心的需求。在搭建过程中,幼儿的爱国情感得到了自然流露与表达。

第三节　"豆宝爱生活"主题课程案例

"豆宝爱生活"是以培养幼儿的生活实践能力为核心的主题系列活动。教师鼓励幼儿通过亲身参与各种生活性、服务性活动,如家务劳动、社区服务等,培养他们的生活自理能力和社会责任感。通过两个生动的案例来深入探讨这一主题。

生活课程故事《我做衣服的小主人》中,以小班幼儿为例,引导他们积极参与到穿脱衣服、衣物整理和收纳的过程中,他们不仅学会了如何穿脱衣服,还学会了折叠衣物,体验自我服务带来的乐趣。在此过程中,幼儿不仅培养了生活自理能力,还锻炼了观察能力和动手能力。

社会性角色游戏案例《我来照顾小宝宝》中,幼儿扮演照顾者的角色,负责照顾"小宝宝"。他们需要学习喂食、换尿布、哄睡、出行等技能,同时也需要关注"小宝宝"的情绪和需求。这一活动不仅培养了幼儿的同情心和关爱他人的品质,还让他们学会了如何与人沟通和合作。

通过参与生活实践活动,幼儿不仅能够掌握基本的生活技能,还能培养创新思维和创造力。"豆宝爱生活"活动还强调家庭、幼儿园和社会之间的紧密合作。家长、教师和社会各界应该共同努力,为幼儿创造一个良好的成长环境,让他们在实践中学习和成长。

▶▶ 课程案例 1——我做衣服的小主人!

一、活动背景

根据《3～6岁儿童学习与发展指南》中对幼儿生活习惯与生活能力的教育建议,抓住幼儿的"最近发展区",满足幼儿通过"直接感知、实际操作、亲身体验"获取经验的需要。

独立穿脱衣服是幼儿进入幼儿园后适应集体生活非常重要的自理能力之一。随着天气变得越来越冷,小班幼儿通过自主穿脱衣服可以感受独立做事的快乐和满足,也是自我服务意识的重要表现。可是幼儿的能力发展不一,能力较弱的幼儿都会急得直跳脚,如何改变生活活动中一贯的教师服务方式,充分挖掘生活教育的价值,把自主性还给幼儿,正是我们需要不断探索和研究的问题。

二、活动内容与过程实录

（一）活动的开展由认识衣服的构造开始

幼儿有穿衣服的经验，在户外活动准备前的一句"我自己会穿衣服"引发了幼儿对独立穿衣的挑战。幼儿纷纷说"我也会"。

可以看到，幼儿有了自我表现的欲望。教师果断地抓住此次教育契机，说道："是吗，那老师就要看看谁能自己穿上衣服？"幼儿开始了自由、自主的探索。

小班的幼儿真正尝试独立穿衣服，状况也随之出现。乐乐穿倒了衣服，惹得一片笑声，他也不好意思，急得哭起来。见幼儿无处着手，教师说道："能自己穿衣服是件了不起的事情啊！""还有谁会自己穿上衣服呢？"

教师支持：教师顺势拿起乐乐的衣服和幼儿一起探究衣服的构造。幼儿瞬间被吸引过来，都纷纷要看看这座神秘的"小房子"。

"这是小房子的门。""上边是屋顶。""这里是窗吗？""衣服上还有楼梯呢。"幼儿你一言我一语地揭秘起衣服的构造。

🔍 **教师思考**

独立穿衣是幼儿非常感兴趣的活动,他们渴望获得成功的体验。在第一次尝试独立穿衣服的过程中,幼儿明显已经对衣服产生了浓厚的兴趣,结合着小班幼儿喜欢想象的年龄特点,教师立即抓住"穿衣"这个主线和幼儿开始了有趣的探究活动。在活动中,幼儿找到了衣服的衣领、袖口、对襟、帽子以及商标等标志性的地方,更明确了衣服的里外、正反和结构。

当然,这次尝试有很多不足之处,教师前期了解不够充分,幼儿对衣服的基本结构、穿衣步骤等相关生活经验还需要再丰富。这一次尝试为我们下一次活动的开展提供了支持。

(二)掌握穿衣要领

当幼儿认识了衣服的构造后,他们对穿衣服也有了跃跃欲试的愿望。

教师立即创设"我来自己穿衣服"的活动现场,请幼儿在活动的范围内大胆尝试,独立穿衣。

可是教师又发现,在独立穿衣服的过程中,幼儿还是出现了"以面对面""袖子翻里""上下颠倒""袖子难入"等问题。求助的声音时不时响起。这可怎么办?帮还是不帮?

大部分幼儿在低头尝试,还有的穿上一边衣袖后,原地转圈找另一边。也出现了两三组你帮我、我帮你的现象,但没有掌握穿衣的技巧。个别幼儿已经失去了探索的耐心——抱着衣服的、拿着衣服甩来甩去的。

教师支持:见状,老师一边拿起自己的衣服摆弄,一边说起有趣的儿歌来。幼儿的目光立刻投向了老师。有趣又形象的儿歌配以直观的演示,幼儿很快和老师一起参与到"小老鼠盖房子"的游戏中。

小老鼠盖房子，
盖完房子钻洞子，
小老鼠钻洞子，
左钻钻，右钻钻，
咯吱咯吱上房子，
衣服穿好了。

在不断变化的游戏情景中，幼儿慢慢摸索，虽然用时比较长，但他们的表现多种多样：把衣服铺在地上躺在衣服上穿的，头顶着衣服穿的，甩着衣服穿的，同伴合作穿的……幼儿用自己的方式演绎着"小老鼠盖房子"的快乐。经过你观我看互相交流，班上的幼儿基本掌握了穿衣服的小技能，仅有两三个幼儿不能很顺利地完成，需要再引导。教师也发现部分幼儿被困在"咯吱咯吱上房子"（拉拉链）的步骤上。

由于时间关系，教师随机又创编儿歌："小老鼠钻洞子，左钻钻，右钻钻，关上大门找老师，老师帮忙关大门。"今天的活动对幼儿来说已经是个了不起的挑战，他们不仅获得了穿衣技能，更重要的是获得了尝试的机会，收获了成功的体验。

❓ **教师思考**

活动中我们可以看到，通过真实的游戏情境能够使幼儿获得多方面的发展。即使是小班的幼儿，他们自身的潜力、伙伴间的互助合作也是非常宝贵的。需要说明的是，当看到幼儿出现问题时，教师其实也有些犹豫：帮还是不帮？帮——帮助幼儿提前获得成功的体验；不帮——幼儿在自主探究中掌握技能。正是把主动权还给幼儿，才让教师感到惊喜：幼儿不再依赖教师，而是在游戏中自主地表达他们的想法和智慧。

（三）拉拉链技能学习

就这样，在不断地鼓励、竞赛的情境下，幼儿每天都感受着穿衣带来的成功和喜悦。幼儿好不容易穿上了小衣服，独立拉上衣服的拉链又成了难题。幼儿对穿衣服也有了一些情绪，看得出来，他们也没有了之前穿衣服时的那种积极、主动的状态,依赖别人的一面展现得尤为突出。他们的这种现状,让自主独立穿好衣服的活动又陷入僵局。

"谁有好办法可以自己拉上拉链呢?"老师问。

只有一名幼儿举手并成功演示。其他幼儿纷纷主动探索拉链的拉法,可是真正做起来,太难了——找不到拉链头的,找不准位置的,卡不进去的,提不动的,半道拉不上来的……问题扑面而来,幼儿出现了畏难情绪。如何解决拉拉链的难题?

教师支持:为了支持幼儿的探索,借助幼儿已有经验进行迁移。班里近期开展了"小士兵"的户外游戏,让幼儿体会到"小士兵"不怕困难、勇于挑战的精神。于是,我们结合拉链的特点和他们的兴趣,玩起了"小士兵来啦!"的游戏。

"你们知道吗? 今天老师请来拉链小士兵,请小士兵立正站好。"幼儿立马学老师的样子请"小士兵"立正站好。

教师开始将拉拉链的步骤进行分解,一点一点地引导幼儿熟悉拉链的构造。

"拉链朋友手拉手,拉链卡在卡扣里,小士兵,准备好,一二一二向前走。"又一首儿歌吸引了幼儿的兴趣,带动他们不停地尝试、探究。老师也在尝试学会放手和等待,一边观察,一边引导,一边鼓励。

幼儿"不会"的声音还在不停地倾诉,但是这样的声音越来越少。

幼儿需要直观地演示,老师不断地用小士兵的口吻让幼儿勇于挑战和尝试。

当幼儿把拉链和卡扣卡在一起时,老师再提醒他们一点一点地往上拉拉链。就这样,幼儿很快就掌握了把拉链放进卡扣里拉拉链的技巧。

🧐 教师思考

幼儿在"我还是不会"的过程中感受到的是挫败感,而当他们付出了一点点努力后体验到的是成功的快乐以及"我终于会了"的自信。由此可以看出,他们在探究过程中的主动、坚持和专注。幼儿通过一次次地试误寻找解决办法,这一过程让他们获得了具体的体验和积极的经验。

（四）穿衣小能手

幼儿终于学会自己穿衣服了，在每次穿衣服时他们都在炫耀着。有的幼儿还能边念儿歌边穿衣。随着穿衣愈发熟练，多数幼儿的积极性逐渐变得不那么高涨了。

接下来，教师结合《"最佳"竞赛》《仙子竞赛日》等绘本故事，激发幼儿大胆挑战、不怕困难的意志品质。鼓励他们在不同的场景中挑战自己，并延伸出一场"我是穿衣小能手"的游戏。很快幼儿被比赛的激情点燃，一个个跃跃欲试，纷纷想要一展穿衣技能。在一番交流讨论后，幼儿一组一组进行着比拼。

班级中有个自尊心强但是在游戏中"失败"的孩子昊硕，他不甘失败，回家和爸爸妈妈一起探索最快地穿衣服的方法。家长说这个比赛的游戏太有意义了，在家都能用四种方法穿衣服了——"抢起来穿""套帽子穿""先穿一边""放桌子上倒着穿"。硕妈的话引发了其他家长的共鸣，对于幼儿自由探索出的穿衣技能与方法，宝爸宝妈们给予了很大的支持与鼓励，他们和我们一起交流、共享。幼儿在这个过程中，不断提升自己的穿衣技能与本领，体验着穿衣游戏的成功感。

三、活动的特点及价值所在

（一）教育源于幼儿需要，生成"接地气"的课程

"我会自己穿衣服"活动遵循了幼儿的兴趣，并满足了多数幼儿的发展需要，于是我们果断抓住教育契机，就此生成"我做衣服的小主人"这一游戏探索活动。这次偶然的契机，让教师看到了幼儿的发展需求，能从幼儿的角度去思考他

们的成长需要,从中也体会了"一日活动即课程"的理念是多么的真实,这样的课程对幼儿的成长是多么的"接地气"。顺着幼儿的发展节奏去实施教师的教育策略,让幼儿在动手尝试的过程中探究衣服的奥秘与自己穿衣的技能,这就生成了我们自己的课程。

(二)追寻幼儿探究进程,实施"互动式"策略

在穿衣初期,幼儿对"一座小房子"是那么感兴趣,把衣袖、衣领,甚至是衣服的标志、口袋都能与"小房子"的构造进行连接。在"小老鼠上房子"的游戏中,他们有的用头顶着衣服穿,有的把衣服铺在地上躺在衣服上穿……千奇百怪的想法都是幼儿的表达,这就是"孩子的一百种语言"吧。追随着幼儿的发展进程,教师越来越感觉到"互动式"的对话对幼儿的发展特别有意义,而且也特别有趣。幼儿有目的、有针对性的探究少不了教师的有效指导,为了减少游戏的盲目性我们也适时地为幼儿提供一点探究的思路和引领,使幼儿的探究能顺利地走下去。

(三)运用儿歌突破难点,收获"我能行"自信

本次游戏经历了"我不会—试一试—太难了—我会了"四个阶段,教师在每一个重要的"瓶颈处"都给予非常重要的提示以及满足幼儿需要的策略支持。幼儿对儿歌、童谣等有节奏的语言特别感兴趣,教师就借助儿歌、用特别有趣又有节奏的方式巧妙融合穿衣服的难点,在游戏的情境中帮助幼儿了解衣服的构造、突破穿衣的难点。同时,教师也注意观察幼儿的能力水平,了解他们的性格特点,在每一个关键节点运用儿歌的方式帮助他们、支持他们、鼓励他们,让他们在体验中感受失败、挑战、尝试、努力和成功。当幼儿遇到问题或提出问题时,教师也犹豫、矛盾过,但他们自己给出了很好的答案。

(四)游戏贯穿始终,机会留给幼儿

教师在游戏中要给予幼儿足够的游戏空间。整个游戏过程中,教师创设了具有童趣的环境,并以同伴的身份参与游戏,尊重幼儿的经验和能力,这是游戏开展和持续进行的有力支撑。小班幼儿的自理能力不强,教师借机抓住教育契机,为满足他们体验成功的愿望,在延伸活动中开展"脱衣服""叠衣服"的探索游戏活动。

▶▶课程案例2——我来照顾"小宝宝"!

一、活动背景

随着两孩政策的开放,班级有些幼儿成为哥哥或姐姐,他们对于妈妈生宝宝产生了浓厚的兴趣,在"娃娃家"活动中常会看到幼儿模仿孕妇生产的行为。在一次"生宝宝"游戏中,瑞瑞、小霖、荣荣因为争抢唯一的"手术台"吵起来。荣荣说:"是我先发现的,我先生!"小霖说:"我也要先生,我的肚子都疼了。"瑞瑞说:"手术台太小了,躺不下这么多人。"最后他们商量决定:谁的肚子疼得厉害谁先生。于是幼儿轮流躺到小圆桌上,兴奋地生起了"宝宝",每生完一个"宝宝",他们都兴奋地大喊:"我的'宝宝'出生了!"随着"宝宝"的诞生,一个关于照顾"宝宝"的故事就此拉开了序幕。

二、活动内容与过程实录

(一)我来喂"宝宝"

小霖来到"娃娃家",她一眼看到了自己的"宝宝",就将"宝宝"抱在怀里,一会儿喂"宝宝"喝奶,一会儿又模仿妈妈的样子给"宝宝"拍拍后背。瑞瑞看到后说:"我们给'宝宝'做好吃的吧!"于是他们各自忙碌起来。不一会儿饭菜就做好了。瑞瑞指着盘子里的食物说:"'小宝宝'不吃青菜和鸡蛋,他只吃鱼。"小霖说:"不对,妈妈说多吃青菜身体好。"瑞瑞却跺着脚摇着头大声地说:"他不喜欢吃青菜和鸡蛋,他只吃鱼。"他们因为"宝宝"吃什么争论了起来。这时老师走了过来说:"'小宝宝'正在长身体,吃什么更健康呢?"小霖说:"要多吃青菜,多吃青菜对身体好。"岩岩说:"妈妈说不能挑食。"瑞瑞说:"可是'小宝宝'不喜欢吃青菜和鸡蛋!"老师问瑞瑞:"如果'小宝宝'实在不喜欢吃怎么办?"瑞瑞想了想说:"'小宝宝'可以少吃一点点青菜和鸡蛋。"老师赶紧回应道:"你真有办法!"小霖说:"'小宝宝'饿了,我们再去给他准备吃的吧。"于是大家开始忙碌着为"小宝宝"准备各种各样的食物,有自制的青菜鸡蛋面条、手工包子等。小霖端着做好的面条放到"宝宝"的嘴边说:"面条做好了,快吃吧。"

❓教师思考

在"我来喂宝宝"游戏中,幼儿因为给"宝宝"吃什么产生了争执。瑞瑞认为"宝宝"只吃鱼,不吃青菜和鸡蛋;别的幼儿认为"宝宝"不能挑食。从中可以看出,瑞瑞把自己的喜好投射到"宝宝"身上。在这场争论中也可以看出,大多数幼儿对于平衡膳食营养都有一定的生活经验,并在游戏中生动地进行了再现。

老师看到幼儿争执后,适时介入游戏,抛出第一个问题:"'小宝宝'正在长身体,吃什么更健康呢?"这引发了幼儿的讨论。当瑞瑞还是坚持说"宝宝"不喜欢吃青菜和鸡蛋时,老师又抛出问题,"如果'小宝宝'实在不喜欢吃怎么办?"瑞瑞说可以少吃一点点。当老师尊重并接纳瑞瑞的想法时,也看到了幼儿的智慧——可以少吃一点点青菜和鸡蛋。

（二）我给"宝宝"洗洗澡

小霏又来到"娃娃家",抱起"小宝宝",拿起盖子当浴盆,拿了一块小积木当肥皂,用肥皂一会儿给"宝宝"搓搓前胸,一会儿给"宝宝"搓搓后背,边洗澡边唱歌:"'小宝宝'洗洗头,我们一起洗洗头,洗洗脚和小小手,后面洗完然后再洗头。"只见她把"小宝宝"翻过来翻过去,动作熟练有序。荣荣拿空瓶子当沐浴液给"宝宝"洗澡,一边用手给"宝宝"擦眼睛,一边对"宝宝"说:"别怕,别怕,不会辣眼睛。"飞飞找来水壶玩具当花洒给"小宝宝"洗淋浴,一会儿冲冲后背,一会儿冲冲脖子,一会儿冲冲小脚,最后站在原地看了一圈,拿来了厨房用纸给"宝宝"裹上了"浴巾"。

❓**教师思考**

游戏来源于生活。在洗澡的过程中幼儿将父母给自己洗澡的情景再现到游戏中。尽管游戏简单，但是幼儿自得其乐，玩得很开心，游戏的情感体验是愉悦的。在给"宝宝"洗澡的环节，小霏用积木当肥皂，并编了好听的儿歌，边唱歌边给"宝宝"洗澡；荣荣将空瓶子当成沐浴液，边洗边关注"宝宝"的反应和变化；当飞飞看到小霏找来积木当肥皂，他也找来水壶玩具当花洒给"宝宝"洗起了澡，用厨房用纸做宝宝的"浴巾"。幼儿在没有现成的材料进行游戏的情况下，能够利用已有的材料，以物代物进行游戏，体现了幼儿的想象力和创造力。

（三）我的"宝宝"生病了！

游戏时，瑞瑞拿来键盘在上面不停地敲着，边敲边问："谁的'小宝宝'还要看病？快来！"晨晨听到后抱着"宝宝"走了过去，瑞瑞看了看"宝宝"说："'宝宝'发烧了。"荣荣说："医生，你快给他看看吧。"瑞瑞看了看"宝宝"说："快点吃药。"边说边学医生的样子给"宝宝"开药。其他小朋友们看到后，也被吸引了过来。

岩岩看到他们在给"宝宝"开药，马上过来关切地问："'宝宝'发烧厉害吗？"瑞瑞说："他发烧80℃。"晨晨说："不对，应该是38℃，他发烧太厉害了，给他打个针吧！用什么打呢？"晨晨突然看见橱子里有根绳子，他就用绳子的一端当针头打针，一会儿扎"宝宝"的手，一会儿扎"宝宝"的屁股。小霏抱着她的"宝宝"也走了过来，她说："'宝宝'生病了，但他不想打针，打针太疼了。"岩岩说："我来给他推拿吧。"晨晨说："我生病的时候妈妈也带我去推拿。"聊着聊着，晨晨找来垫子放在桌子上，学着推拿师的样子给"宝宝"进行推拿，岩岩和瑞瑞也一起有模有样地给自己的"宝宝"推拿起来。

❓**教师思考**

在游戏过程中出现带"宝宝"看病的游戏情节。幼儿都有妈妈带着自己看病、打针的经历，看病、打针的情节唤起了他们的生活经验。在"我的'宝宝'生病了"游戏中，幼儿不再局限于"妈妈"的角色，随着游戏发展又产生了"医生"和"推拿师"的角色。同时，同伴之间的经验共享是一种很好的学习方式。当小霏说他的"宝宝"不想打针时,岩岩和晨晨的经验和建议让其他幼儿感到很新奇,接下来"推拿"的情节就出现了。在游戏中幼儿通过观察彼此的游戏行为和语言,通过看病、打针、推拿等多种方式关注"宝宝"的健康成长,细心呵护和照顾生病的"小宝宝",在经验共享、互动交流中共同推进了游戏的深入发展。

（四）我带"宝宝"出门喽！

　　热闹的表演区,吸引了"娃娃家"的小朋友,他们想带着"宝宝"去看演出。一开始小霏把"宝宝"放在盒盖上推着走。瑞瑞说:"这样太累了。"于是他找来小圆盒,把'宝宝'放在盒里面。他们看到朵朵把玩具放在了小鼓上拉着走,他们也尝试把"宝宝"放在小鼓上拉着走。在经过一段路后,他们发现"宝宝"总是掉下来,瑞瑞心疼地说:"'小宝宝'你摔疼了吧?这样出门可不行!"岩岩说:"我们把'宝宝'放在小筐里,再用小鼓拉着。"在尝试过后,他们发现在地面不平时小筐还总是会翻过来。小霏说:"我来扶着小筐,你来拉。"就这样他们反复地进行游戏。由于两个人的配合不协调,小筐还是容易翻过来。瑞瑞提议:"把小筐拴上绳子固定住'宝宝',再把小筐放在小鼓上。"可是由于小筐和小鼓无法固定,最终他们还是失败了。瑞瑞看了看小筐说:"我们直接把'宝宝'放在小筐里,拉着小筐走吧!"于是他们合作给小筐拴上绳子,把"宝宝"放在小筐里,高兴地带着"宝宝"去看表演。他们一会儿是妈妈,一会儿是司机,一会儿是观众。

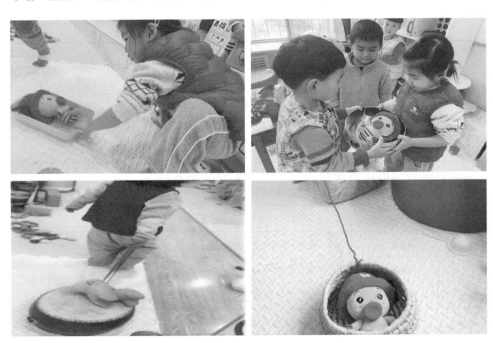

🕮 教师思考

幼儿在游戏过程中,又产生了新的兴趣点——带"宝宝"出门看表演。在"出行"中他们发现推着太累,又改为用圆盒。幼儿感觉抱着圆盒很麻烦,看到同伴用小鼓拉着走,他们放弃圆盒而使用小鼓,却发现"宝宝"总是从小鼓上掉下来。最后选择用小筐。在游戏中,他们不断发现问题、想办法解决问题。在解决问题的过程中,幼儿的社会性得到良好的发展,形成了初步的合作意识,提升了交往能力。

三、活动的特点及价值所在

(一)源于生活的游戏,具有旺盛的生命力

1.现实生活是游戏活动不断生发的重要源泉

游戏是虚构和现实相统一的活动,幼儿游戏反映真实生活。这次游戏的活动内容来源于幼儿的生活,他们在生活中感悟、体验、再现,"生宝宝"、喂饭、洗澡、打针、推拿……这些都是生活中的场景。在"娃娃家"游戏中扮演爸爸、妈妈和医生,在游戏中体验小司机的快乐,在洗澡的游戏中感受和传递爱,这些都是对已有经验的内化和再现。游戏与幼儿的实际生活紧密相连,真实地反映幼儿的实际生活。表 3-4 是"我来照顾'宝宝'"游戏分析表。

表3-4 "我来照顾'宝宝'"游戏分析表

人　物	价值点	主要游戏行为
瑞瑞	领导能力	敲键盘问:"谁的'小宝宝'还要看病?快来!"引发游戏
	解决问题	发现小筐和小鼓不能同时固定,想办法给小筐拴上绳子,把"宝宝"放在小筐里拉着走
小霖	知识经验迁移	小霖说:"要多吃青菜,多吃青菜对身体好。"
荣荣	社会性	找来空瓶子当沐浴液给"宝宝"洗澡 以"小宝宝"生病为由加入游戏
晨晨	解决问题	用小绳子当吊瓶给"小宝宝"打针
	社会性	推拿,赶紧找来垫子
岩岩	社会性	以"推拿"为由加入游戏
	解决问题	找来小筐,将小筐放到小鼓上
小霏	解决问题	用盒盖推着"宝宝",用手扶着小筐

2.低结构材料是激发幼儿创造性游戏行为的重要媒介

低结构材料给幼儿的游戏提供了丰富的想象空间,在游戏中他们用绳子头当针头,用半成品材料做食物,用积木代替肥皂,用空瓶子当沐浴液,用水壶当花洒……通过以物代物的方式将生活情景再现到游戏当中。

(二)追随幼儿的游戏,支持幼儿在游戏中学习

1.适时互动对话,助推游戏进程的深入

当幼儿因为"宝宝"吃什么引起争吵时,老师抛出第一个问题:"'小宝宝'正在长身体,吃什么更健康呢?"开放性的提问引起了幼儿的讨论,让瑞瑞意识到合理膳食的重要性。在听到瑞瑞说"可是'小宝宝'不喜欢吃青菜和鸡蛋"后,老师选择了尊重和接纳幼儿,并抛出第二个问题"如果'小宝宝'实在不喜欢吃怎么办?"之后也看到了瑞瑞的智慧。由此可见,在自主游戏中高质量的互动对话能够引发幼儿的深度思考,并助推游戏的发展。

2.给予自主空间,支持幼儿独立解决问题

在"'宝宝'出行"游戏中,幼儿遇到了各种困难,教师选择静观其变,因为幼儿需要足够的自主空间。之后教师也看到了幼儿的探究:用盒盖、圆盒、小鼓、小筐＋小鼓,最后选择小筐。幼儿就这样在解决问题的过程中获得新的经验,并体验到了"我可以!我能行!"的满满成就感。在给予幼儿充分的自主空间后,教师才真正认识到幼儿的确是有能力、有自信的学习者。

(三)游戏的后续支持

随着游戏的推进,接下来教师将鼓励幼儿收集更多和照顾"宝宝"相关的材料,如纸尿裤、婴儿鞋袜、围嘴等,并投放到"娃娃家",以引发幼儿更多的生活经验,助推游戏的进一步深入发展。

第四节 "豆宝寻节气"主题课程案例

"豆宝寻节气"是一系列旨在传承和弘扬中华优秀传统文化的活动。通过节气探究,幼儿了解并感受中国传统二十四节气的文化内涵和智慧,增强对中华优秀传统文化的认同感和自豪感。

在活动中，我们采用了"问、寻、创"等多种方式，引导幼儿自主探究二十四节气。首先，我们通过提问的方式，引导幼儿对节气的起源、含义以及相关的传统习俗进行思考。例如，教师会问："你们知道清明是什么意思吗？在清明这一天，有哪些特别的习俗呢？"这样的问题能够引发幼儿的好奇心，促使他们主动地去了解和学习。接着，我们组织幼儿进行"寻"的活动。我们带领他们走进大自然，观察节气的变化，感受大自然的神奇魅力。如在春分时节，我们带领幼儿去公园或田野里寻找新生的嫩芽、绽放的花朵，让他们亲身体验春天的气息。在冬至这一天，我们会一起包饺子、煮汤圆，让幼儿感受冬至这一传统节日的温馨和团圆。在"创"的环节，我们引导幼儿通过亲手制作传统手工艺品、品尝传统美食等方式，感受传统文化的独特魅力。

幼儿通过亲身参与这些活动，深入了解中国传统文化的精髓，感受传统文化的魅力。他们学会了尊重传统、珍惜传统，并能够在日常生活中传承和弘扬优秀传统文化。同时增强他们对传统文化的认同感和自豪感，培养文化自信和爱国情怀。

➡️节气课程 1——柳笛起，寻清明

≫主题目标

（1）了解清明节的时间及习俗，感受清明踏青、吃青团、放风筝、吹柳哨、蹴鞠等活动的乐趣。

（2）初步理解清明祭祖扫墓的意义，能用文明的方式进行祭奠。

（3）感受清明节的历史悠久，对中国传统的节气文化产生兴趣，愿意用多种方式进行探究。

≫活动建议

（1）和幼儿一起讨论春季的自然、天气等的变化和特征，培养幼儿探究清明的兴趣。

（2）通过家园合作，与家长一起收集有关清明习俗的资料，一起外出踏青，宣传文明祭扫，并鼓励幼儿与同伴主动交流分享。

（3）在探究过程中，利用古诗、蹴鞠等萌发幼儿对中国传统文化的兴趣。

≫ 网络图

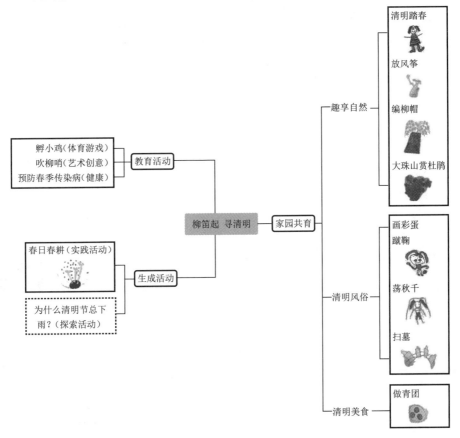

活动一:吹柳哨

▶ 活动目标

（1）学习用柳树枝条制作、吹奏柳哨。

（2）能用刮、拧、吹等技能制作和吹奏柳哨。

（3）体验吹奏柳哨的快乐,感受春天的明媚。

▶ 活动准备

物质准备:剪刀、成品柳哨、制作柳哨的柳枝。

经验准备:有观察、探索柳枝的经验。

▶ 活动过程

一、听柳哨的声音,激发幼儿对柳哨的兴趣

教师吹柳哨,提问:这是什么声音?用什么吹奏的?

二、展示柳哨,了解柳哨制作方法

(一)出示刚才吹奏的柳哨,提问:你们觉得这是用什么做的?怎么做的?

活动记录与呈现

讨论1:你们觉得这是用什么做的?

玉玉:树叶。

然然:树枝。

烁铄:可能是一种乐器,我知道是口琴。

小涵:我爸爸会吹口哨。

讨论2:怎么做的?

琛琛:直接吹。

(二)演示柳哨制作过程

第一步:选择刚发芽的春柳里不太粗不太细、表面光滑、较嫩的枝条。

第二步:剪一段适中长度的柳枝。哨的长度没有严格规定;长一些的柳哨还可以在哨身上再加几个孔,就可以使音律更加丰富。

第三步:用手左右拧拧,松动外面的绿皮儿,抽出里面的白木芯杆儿,形成管状。

第四步:将其中一端的口部捏扁,削去0.3～0.5厘米的光滑蜡质层,只剩一层内皮,其实就是形成一个簧片构造,以便在吹时容易震动发声。

三、体验柳哨吹奏,探索并体验柳哨的不同音色与柳哨形态的关系

幼儿吹奏长长短短、粗粗细细各不相同的柳哨,并交流吹奏技巧的心得和发现。

活动记录与呈现

讨论1:怎样才能吹响?

润润:轻轻地拿住,轻轻地吹。

薇薇:不能堵上,要不然就没有声音了。

讨论2:怎样才能吹出不同的声调?

嘉嘉:稍微使点劲试一试。

赫赫:我们的柳哨不太一样,有的粗有的细。

琪琪:对,还有的长有的短。

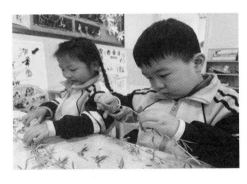

小结:吹奏技巧,吹奏时唇部不宜将哨口压紧,为的是让气流震动哨口的柳皮。

决定柳哨声音高低的,一是这段柳条的粗细,二是柳哨的长短。粗粗的柳哨吹出来的声音浑厚,细细的柳哨吹出来的声音清脆;长长的柳哨吹出来的声音低沉悠长,短短的柳哨吹出来的声音清脆响亮。

▶**活动延伸**

(1)幼儿户外活动或者在家中和家长一起体验柳哨吹奏。

(2)继续创意制作长十多厘米的柳哨,在距离"嘴儿"不同远近的地方,再精心地刻上几个孔,宛如牧笛一般。吹奏的时候用手指捂住或是放开某一个孔,便有高低不同的声音吹奏出来,碰巧还能吹奏出一句半句的乐曲呢。

附:拓展延伸小资料

做柳哨的关键是选择好时节,早了不好,晚了不行。一般来讲,清明前后是做柳哨的最佳时期。因为到了春天,大地回暖,气温上升,树木也进入了快速生长期。树皮和树干结合的部位,是树木最活跃的生长部位,其面向内分裂形成树干的木质层——开始形成新的年轮。从这里长出新的树皮结构,外面的树皮就会干裂掉落,就像人的死皮一样。这部分的细胞个大皮薄,细胞液含量多,所以很润滑,所以只要轻轻用力就可以撕裂分离。

活动二:美味的青团

▶**活动目标**

(1)认识青团,知道清明节又叫寒食节,有吃青团的习俗。

(2)用纸黏土大胆表现青团的造型,掌握搓、压、捏的技能,尝试通过混合不同颜色的黏土,体验制作的乐趣。

(3)知道食物来之不易,养成不浪费粮食、不挑食的好习惯。

▶ **活动准备**

物质准备:《美味的青团》ppt、手工制作青团的视频、纸黏土、美工用纸等多种材料。

经验准备:有吃青团的经验。

▶ **活动过程**

一、和幼儿一起讨论清明节,幼儿萌发制作青团的兴趣

(1)小朋友们,你们知道清明节有哪些习俗吗?

(2)吃美味的青团也是清明节的习俗之一,你们吃过青团吗?

活动记录与呈现

讨论1:小朋友们,你们知道清明节有哪些习俗吗?

乔乔:我们可以放风筝!

然然:我喜欢骑自行车,可好玩了!

舟舟:现在是春天,我们可以去公园里玩!

讨论2:吃美味的青团也是清明节的习俗之一,你们吃过青团吗?

小晴:我也吃过,青团有黄色的!

小宇:我妈妈买的青团是绿色的!皮上还有绿色的蔬菜。

小结:清明节是在春天,天气已经很暖和了,小朋友们可以去外面骑自行车,还可以吃青团,还可以发现清明节的习俗。

二、出示清明节的食物——青团,在观察中感知青团的特征

清明节的美食都有哪些?青团是什么样子的?都有什么口味?

活动记录与呈现

讨论1:这就是青团,哪位小朋友能说一说它们的特点?

希希:它们是绿色的。

达达:它们是圆圆的,中间还有馅儿。

讨论2:小朋友们,达达的观察很仔细,你们知道青团中间的馅儿都有什么口味的吗?

小林:我喜欢草莓味的,还有豆沙的!

教师小结：美味的青团是由艾叶汁和糯米粉做成的，是圆圆的、绿绿的，里面还有各种口味的馅料。清明时节，人们喜欢制作美味的青团，它吃起来糯糯的、甜甜的，好吃极了。

三、播放手工制作青团的视频，讲解制作青团的方法，激发幼儿的创作兴趣，请幼儿自由创作

（1）出示青团和青团作品，介绍青团制作方法。

（2）为幼儿提供食材，供幼儿自由选择，制作自己的美味青团。

四、引导幼儿分享作品，体会手工创作的乐趣

活动记录与呈现

铭铭：我觉得安好的青团做得好看。

活动三：萌萌小鸡

▶**活动目标**

（1）了解小鸡长大的过程，知道小鸡成长的生命周期变化。

（2）能够持之以恒地在爱心和耐心中学习照顾幼小生命。

（3）建立对生命的兴趣，感受生命起源的神奇，萌发敬畏生命、珍爱生命的意识。

▶**活动准备**

物质准备：纸箱、饲料盒、小鸡仔。

经验准备：有照顾小动物的经验。

▶ **活动过程**

一、结合幼儿兴趣,谈话导入

师:你们现在看到的是什么小动物,谁能猜到并告诉大家?

师:我们可以自己来见证小鸡成长的神奇过程!

活动记录与呈现

讨论:你们现在看到的是什么小动物,谁能猜到并告诉大家?

潘琰:小鸡!

帅帅:我见过小鸡,我奶奶家里养过小鸡,萌萌的,很可爱。

小然:小鸡好小啊!我好想抱抱它。

云朵:它长大以后,会变成什么样子呢?

二、幼儿近距离观察、触摸小鸡,感受小鸡的可爱,萌发对小鸡的喜爱之情

幼儿和小鸡一起在户外玩耍,陪小鸡晒太阳,和小鸡一起感受春日暖阳。

活动记录与呈现

讨论:我们一起陪小鸡去户外晒太阳吧!

一然:小鸡一直叽叽叽,它们喜欢晒太阳。

赫赫:小鸡走路的样子好可爱!

小怡:我也喜欢晒太阳,太阳暖暖的,好舒服!

三、观看视频和图片,了解小鸡生长的过程,感受其成长和变化

幼儿通过观看小鸡培育的视频和图片,了解如何培育小鸡,如何照顾小生命。

四、小鸡突发意外,幼儿为小鸡准备后事,探讨如何保护剩余的小鸡

(1)幼儿得知小鸡遇害,通过采访了解小鸡发生意外的过程。

(2)集体为小鸡出谋划策:怎样才能保护好剩余的小鸡?

(3)寻求教师协助,实现帮助小鸡建安全屋的想法。

> 活动记录与呈现
>
> 讨论:我们怎样才能保护好剩余的小鸡?
>
> 小怡:我可以把它带回家,我的家里很安全。
>
> 跃跃:我们可以给它搭建一个安全屋。
>
> 小羽:可以用搭建区的积木搭建安全屋。

▶ **活动延伸**

幼儿回到家中和父母分享养育小鸡过程中的趣事、乐事。

活动四：彩虹的形成

▶**活动目标**

（1）观察彩虹，初步了解彩虹形成与光、水、操作角度的关系。

（2）能在实践操作中，探究人工制造彩虹的方法，发现彩虹形成的秘密。

（3）体验制造彩虹的快乐，萌发对"制造彩虹"科学实验的兴趣。

▶**活动准备**

物质准备：彩虹的图片、三棱镜、自来水软管、小水杯、水盆、平面镜等若干。

经验准备：活动前，幼儿通过图书、询问家长等多种途径收集有关彩虹的知识，并在活动区中投放有关彩虹的图片。

▶**活动过程**

一、幼儿交流讨论，萌发对彩虹的兴趣

师：小朋友们，你们在什么地方发现过彩虹？

师：你们见过的彩虹是什么样子的？像什么？

活动记录与呈现

讨论1：小朋友们，你们在什么地方发现过彩虹？

铎铎：在我家窗户上就能看到彩虹。

烁烁：我在姐姐的学校里看到过彩虹。

小羽：我在我家车里看到过彩虹。

讨论2：你见过的彩虹是什么样的？像什么？

玥玥：彩虹是弯弯的、七彩的，很漂亮。

桐桐：彩虹像小桥，什么颜色都有。

小轩：彩虹在天上，离着我们很远，像一座山一样高。

佳佳：我喜欢下雨天，因为雨后可能看到彩虹。

小蕊：我觉得很神奇，彩虹那么好看。

陈虹冰：我喜欢彩虹，我想把它画下来。

二、引导幼儿观看视频《奇妙的彩虹》，简单了解彩虹的形成

师：老师也见过彩虹，还把它录了下来，咱们一起来分享一下吧！

教师播放录像后,提问:录像里的彩虹是什么时候出现的?

> 活动记录与呈现
>
> 佳佳:彩虹只有雨后才会有,我只在雨后见到过。
>
> 铭铭:彩虹只有遇到水才会出现。

三、开展小实验:自制人工小彩虹,初步探索、发现彩虹形成的原因

教师引导幼儿从已准备好的各种材料(三棱镜、自来水软管、小水杯、水盆、平面镜等)中,任意选择材料,自由探索,开展小实验。然后相互交流自己发现的现象。(幼儿操作时,教师可巡回了解幼儿的探索情况,并给予适当的指导)

请发现小彩虹的幼儿演示、讲解自己发现的有趣现象。(当幼儿讲解演示不够清楚时,教师可做必要的提示和帮助)

实验一:正对太阳,从喷壶中喷出呈雾状的自来水,透过水雾,就可以发现彩虹现象。

> 活动记录与呈现
>
> 铎铎:哇,真的有彩虹,就在这里!
>
> 菁菁:在哪里啊?在哪里啊?我看到了!

实验二:透过三棱镜观察太阳光折射的七种颜色。

活动记录与呈现

若若:我怎么没有发现彩虹呀?

菁菁:你转一转这个三棱镜就能看到了,要不你到我这边来看也行。

实验三:把镜子放到水盆里正对着太阳光,就会发现彩虹现象。

活动记录与呈现

乔乔:我们把镜子调整一下,把镜子靠近水盆试试。

俊俊:你把灯也往前动一动。

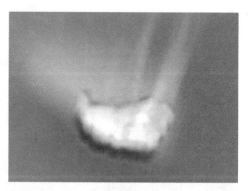

教师提醒幼儿在实验成功后,互相交换材料,试一试用另一种方法发现小彩虹。

▶活动延伸

教师把材料投放至科学区,幼儿区域活动时自主探索彩虹的形成。

活动五：预防春季传染病

▶活动目标

（1）初步了解春季流行性传染病的种类、传播及简单预防等知识。

（2）能说出并掌握预防传染病的简单方法，用连贯、流畅的语言与同伴交流传染病的相关内容。

（3）增强预防传染病的意识，保护好自己。

▶活动准备

物质准备：多媒体课件《预防春季传染病》。

经验准备：知道如何预防春季传染病。

▶活动过程

一、组织幼儿谈话，说说自己生病的感受

师：小朋友们生过病吗？都生过什么病？你们生病的时候哪里不舒服？心情怎么样？

活动记录与呈现

讨论：生病的时候哪里不舒服？心情怎么样？

怡怡：生病时很难受，发烧，身体很热。

琳琳：头很晕，没有精神。

伊伊：不能玩，只能躺在床上休息。

硕硕：有时候还想吐，也不能吃好吃的东西了。

洪洪：还要喝药，药实在是太苦了！

教师帮助幼儿回忆自己生病时身体疼痛、不舒服、不能与同伴在一起生活和做游戏的经历。

二、播放课件，帮助幼儿了解春季传染病

（一）教师出示图片（许多小朋友在医院打点滴的图片）

教师提问：这是哪里？小朋友们在干什么？为什么这么多小朋友一起得相同的病？

活动记录与呈现

讨论1:这是哪里？ 小朋友们在干什么？

徐徐:这是医院,上面有红十字的标志。

程程:医院里有医生,还有病人。

讨论2:为什么这么多小朋友一起得相同的病？

铭铭:他们可能都发烧了。

小雅:可能是太冷了,就感冒了。

小泽:他们被一样的病毒传染了。

（二）幼儿园保健医讲解、介绍传染病的预防知识

保健医提问:你们知道什么是传染病吗？

我们一起来听听幼儿园保健医是怎样说的。

活动记录与呈现

讨1:你们知道什么是传染病吗？

林林:会让大家都得病的病菌。

可心:很多人感冒,感冒就是传染病。

小结:传染病是日常生活中最常见的疾病之一。春天天气渐渐暖和了,病原微生物容易滋生,它们能通过呼吸、身体接触等方式传播病菌。如果我们不注意卫生,身体锻炼得不够强壮,那么和生病的小朋友或者小动物在一起就很容易被传染上病菌而导致生病。春季传染病包括水痘、流感、腮腺炎、手足口病等疾病。

（三）幼儿主动与保健医互动,进一步了解春季传染病的种类与传播方式

保健医为幼儿介绍春季传染病的相关知识,帮助幼儿了解手足口、水痘、腮腺炎等幼儿间容易传染的疾病及传播方式。

教师鼓励幼儿大胆向保健医提问,与保健医进行互动。

活动记录与呈现

小晚:保健医生老师,我也得过水痘。

保健医:得了水痘很难受吧?

小晚:对,我的后背很痒,有一些小豆豆,但不能抠它们。

保健医:嗯,我们及时抹药,别抠破了。

研研:手足口是什么样的病啊?

保健医:手足口就是在手上、脚上、嘴里长小豆豆。

帆帆:那不是跟水痘很像?

保健医:都是会很难受的传染病,所以小朋友们一定要讲卫生,保护好自己。

三、交流讨论,怎样可以预防传染病?

教师引导幼儿讨论:传染病会传播病菌,但大家如果养成良好的卫生习惯,就能很好地预防传染病。你们觉得怎样做可以预防传染病?

活动记录与呈现

讨论:我们怎样做可以预防春季传染病?

陈心如:多运动,多锻炼,让身体变得强壮。

琦琦:外出戴好口罩,不去人多的地方。

小宇:多进行户外活动。

小涵:外出回家用七步洗手法洗手。

静静:提醒妈妈开窗通风,好好消毒。

教师小结:多吃蔬菜水果、加强身体锻炼可以提高身体抵抗疾病的能力;勤洗手可以消除病菌;保证充足的睡眠,可以增强免疫力;接种流感疫苗可以预防流感;打喷嚏时要用手或手帕遮起来,避免对着他人打喷嚏;在传染病的多发季节,避免去人多的地方;情况严重时需要戴口罩……这些方法都能够有效预防传染病。

四、小组讨论

幼儿分小组讨论,共同创编儿歌,进一步增强幼儿预防疾病的意识。

▶**活动延伸**

教师引导幼儿自制"预防春季传染病"宣传海报并组织幼儿在园内或社区里进行"预防春季传染病"宣讲活动。

》家园共育

一、趣享自然

（一）清明踏青

在这个春光明媚的清明时节，为了弘扬中华优秀传统文化，我们带领幼儿通过踏青、荡秋千等活动，让他们了解清明的传统习俗，锻炼身体，充分感受春天景色的美好。

（二）清明放风筝

自古以来，人们就有清明放风筝的习俗，父母们和孩子们一起制作风筝，并一起放风筝。等风筝放上天后，便剪断牵线，任凭清风把它们送往天涯海角，以此期盼能除病消灾，带来好运。

注意：现在放风筝时不可以剪断牵线，并要在开阔的地方放风筝。

（三）清明编柳帽、吹柳哨、插柳枝

人们利用柳树的各种玩法，感受童年的乐趣和无心插柳柳成荫的神奇，感悟柳树强大的生命力。

（四）清明——大珠山赏杜鹃

"谷秀、峰奇、石怪、花繁"，作为青岛西海岸最为著名的赏花胜地，大珠山景区自然景观特色突出，万亩野生杜鹃花蔓延珠山秀谷的三个山谷，是亲子周末游的首选"春日打卡地"。在此期间，连翘、玉兰、紫藤、蔷薇等品种的鲜花都将陆续开放。待到景区杜鹃花全面盛开时，漫山遍野，红动山川，堪称第一赏花奇观。

二、清明风俗

（一）清明画彩蛋

教师指导幼儿在家中自由创作彩蛋，然后拍照发班级群中以展示自己的作品，并能用完整的语言讲述自己的作品。幼儿充分发挥想象力，用鸡蛋探索出多种玩法，如滚、转、抛、立、碰鸡蛋等，以此感受节日的气氛。

（二）清明蹴鞠（踢足球）

"蹴鞠"就是踢足球的前身。户外活动时，教师可带领幼儿进行踢足球比赛，既锻炼了幼儿的身体，又传承了两千多年的习俗。关注西海岸新区的足球比赛，体验足球竞技的乐趣。

（三）清明荡秋千

荡秋千也是中国古代清明节习俗。荡秋千不仅可以增进健康，还可以培养

幼儿的勇敢精神。

(四)清明扫墓

我们要大力推行小模式家庭追思,积极倡导文明、低碳、环保的绿色祭祀理念。家长要为幼儿树立文明祭祀的榜样,用安全文明的方式怀念先祖、敬仰革命烈士和抗疫英雄等。在祭祀活动中要移风易俗,共同保护绿色生态的自然环境,树立健康文明的祭祀新风。

三、清明美食

教师引导幼儿了解青团的食材、制作要点和做青团的意义,通过示范、演示引导幼儿制作青团,并品尝青团。

➡节气课程 2——冬初临,始避寒

立冬是第十九个节气,也是冬季的第一个节气,时间点在公历每年 11 月 7—8 日。立,建始也;冬,终也,万物收藏也。冬季自此开始,意味着生气开始闭蓄,万物进入修养、收藏状态。

冬季是享受丰收、休养生息的季节,立冬在古代民间是"四时八节"之一,所以立冬是农历二十四节气之一,也是中国传统节日之一。在古代,我国一些地方会在立冬举行祭祀、饮宴等活动,作为重要的节日来庆贺。立冬过后,日照时间将继续缩短,中午太阳高度继续降低。

» 网络图

≫立冬·识三候

一、一候·水始冰

从这时起,水就会渐渐结冰,尤其是北方地区。

二、二候·地始冻

再五日,气温降到0℃,土地表层开始冻结。

三、三候·雉入大水为蜃

"雉"指野鸡一类的大鸟,蜃为大蛤,立冬后,野鸡一类的大鸟便不多见了,海边却可以看到外壳与野鸡的线条及颜色相似的大蛤。所以古人认为雉到立冬后便变成大雁了。

活动一:润肺止咳甜蜜饮(生活实践)

▶活动目标

(1)了解几种润肺止咳饮的制作方法,知道可以通过好喝又有效的食疗缓解或治疗咳嗽症状。

（2）尝试自己制作，掌握简单的润肺止咳饮的制作方法。

（3）愿意自己动手制作润肺止咳饮，体验美食制作的快乐。

▶ 活动准备

物质准备：中国古代名医照片和简介、白萝卜、蜂蜜、雪梨、泡发好的银耳、幼儿用刀、炊具、小盘（一人一份）、制作范例。

经验准备：有饮用润肺止咳汤的经历。

▶ 活动过程

一、品尝几种自制润肺止咳饮，萌发制作兴趣

师：小朋友们，今天老师给你们带来了几种好喝的饮品，一起来尝尝吧。品尝完后请你和小伙伴分享一下，美味的饮品里都放了什么。

幼儿品尝。

二、在分享和范例提示下尝试了解饮品制作方法

（一）确定使用的食材

幼儿相互交流后，总结饮品使用的食材。

（二）出示范例

教师出示范例，帮助幼儿总结"白萝卜蜂蜜水"和"雪梨银耳汤"的配料和制作方法。

（三）小结

1. 白萝卜蜂蜜水制作

（1）把白萝卜切成小丁或细丝放到容器（蒸煮消毒后用）中，加入适量蜂蜜（蜂蜜量要盖过白萝卜的一半）。

（2）盖上盖子，萝卜在蜂蜜的炮制之下慢慢地出水。

（3）5 小时之后，瓶中的水越来越多，便是蜂蜜萝卜水。

（4）一天之后，便可分次饮用。饮用时白萝卜蜂蜜水配 3 ～ 4 倍温水。（1 岁以下宝宝不可以食用蜂蜜）

（5）凉拌白萝卜。蜂蜜腌好的白萝卜撒上一点柠檬汁，搅拌均匀，便是一道酸甜润肺的爽口凉拌菜。

2. 蜂蜜清煮白萝卜

（1）把白萝卜切段，中间掏空，加入冰糖入锅，蒸一小时左右。

（2）喝掉冰糖水，趁温热倒入蜂蜜，等隔段时间再食用。

3. 银耳雪梨冰糖饮

（1）把两个雪梨去皮、去核并切块,银耳提前泡发后撕成小块备用。

（2）锅中放适量水,银耳入锅后大火烧开,再转为小火炖至软烂黏稠后放入切块梨,开锅后小火,最后加入冰糖煮开融化。

4. 白萝卜雪梨饮

（1）有痰的咳嗽。

把白萝卜、雪梨洗净削皮,加入锅中,并加适量水,中小火煮二十分钟。

（2）干咳、喉咙痒。

把白萝卜、雪梨肉切丁,加入锅中,并加适量水,中小火煮二十分钟。

口诀:有痰用皮不用肉,无痰用肉不用皮。另外,暂时不要吃鱼、虾、橘子。

5. 大蒜冰糖水

将五六颗大蒜和少量冰糖放入碗中并倒入水,水量与碗中大蒜和冰糖持平。

用一个盘子倒扣于碗上,防止蒸馏水流入碗中。中小火煮。

水开后将准备好的食材隔水蒸15分钟左右。一碗止咳饮就做好啦!

6. 冰糖香油白果饮

白果去壳,取 4 颗(小班)或 5 颗(中班)或 6 颗(大班)鲜白果捣成汁、干白果捣成粉,冰糖适量一起捣碎。

预热饮用碗。

热碗中放入处理好的白果、冰糖、几滴香油。

锅中烧水至开后迅速倒入碗中冲匀白果,放置到能喝的温度,饮用(不可凉饮)。

三、了解更多中医的润肺止咳食疗方,感知中国传统食疗文化的神奇

教师介绍食疗方的作用。不论是白萝卜蜂蜜饮还是雪梨银耳汤,都有清肺、润肺、止咳、化痰的作用,对治疗咳嗽、慢性支气管炎有良好的疗效。而且作为食疗可长期服用,比药品口感好,也比吃药安全。

教师播放中国古代名医照片和简介,让幼儿感知中国传统中医食疗的博大精深,萌发民族自豪感。

▶活动延伸

（1）幼儿与同伴和老师分享自己制作的饮品。

（2）回家为家人制作润肺止咳饮品,并坚持饮用,体会饮品的效用。

（3）通过多种方式了解更多润肺止咳的民间妙方。

（4）教师创造条件鼓励幼儿分享并实践制作收集的润肺止咳民间妙方，传承更多的止咳饮品方。

活动二：爱心围巾（半日）

▶**活动目标**

（1）感受围巾编织图案和色彩的美。

（2）初步掌握简单的围巾编织的基本技巧。

（3）体验动手编织围巾带来的乐趣。

▶**活动准备**

物质准备：不同颜色的粗毛线若干卷、编织基本技巧图、ppt 课件、轻音乐、围巾设计图。

经验准备：已有的围巾编织的基本技巧。

▶**活动过程**

一、欣赏围巾，激发幼儿兴趣

指导语：小朋友们，立冬了，老师给妈妈做了一条漂亮的围巾，你们感觉漂亮吗？那你们觉得哪里漂亮呀？

教师出示围巾设计图，幼儿分享交流自己的设计。

二、探索尝试，编织围巾

幼儿探索围巾的编织方法。

指导语：你们猜一猜，这条围巾是怎么做的呀？

教师及时验证幼儿的方法。

指导语：小朋友们想了这么多办法，我们来验证一下，看看用你们的方法能不能织出这样的围巾，请家长和幼儿一同尝试围巾编织的基本技巧。

三、自主编织，体验动手编织围巾带来的乐趣

指导语：你想印染一条漂亮的围巾吗？聪明的你会做得更好，小手动起来吧！

教师播放轻音乐，家长、幼儿参照围巾编织的基本技巧图进行操作。教师巡回，并进行个别指导。

幼儿分享交流,从配色、款式、编织方法等方面介绍围巾。

教师引导幼儿将围巾送给妈妈,表达对妈妈的爱。

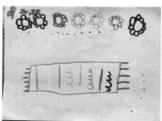

活动三:给植物穿衣服(社会)

▶**教材分析**

天气变冷了,幼儿体验了自己在冬天要怎样过冬,在上幼儿园的路上,也随处可见"穿上衣服"的树木、变黄的小草。中班幼儿喜欢接触新事物,善于观察,能感知和发现不同季节的特点、植物的生长变化。中班幼儿能根据自己的经验想到植物要怎样过冬,并在老师的引导下初步尝试和好朋友一起为树木"穿上衣服"。本次活动充分调动家长资源,搜集各种为植物保暖的材料和工具;幼儿动手操作,体验为植物"穿衣"这种植物过冬的方法,激发初步的合作能力,逐渐养成爱护树木的意识。

▶**活动目标**

(1)了解柳树、小草、月季等几种熟悉的植物过冬的方式。

(2)能关注周围花、草、树木的季节变化,能用实际行动保护植物。

(3)萌发保护植物的愿望,逐步养成爱护植物的意识和良好的行为习惯。

▶**活动准备**

物质准备:春天和冬天的风景图片两张、《植物过冬有办法》(课件)、教学挂图、涂料以及幼儿寻找到的可以帮助植物过冬的物品。

经验准备：对冬天常见的树木有所了解。

▶活动过程

一、教师出示植物在春天和冬天的图片，引导幼儿观察并交流，了解植物过冬的方式

教师提问：天气变冷了，小朋友们换上了厚衣服，不同的植物在冬天发生了什么变化？

教师重点引导幼儿观察冬天的花、草、树木与春天的花、草、树木的不同，例如冬至花凋谢了，草枯萎了，有的树掉光了叶子。

二、讨论植物过冬的方法，了解各种为植物保暖的材料

教师提问：植物们在冬天冷不冷？你们知道植物过冬的方法吗？

教师引导幼儿说一说植物不同的过冬方式。柳树、杨树、月季等：落叶，休眠过冬，来年春天再长出新叶子。小草：草叶干枯，来年春天再发芽。

教师提问：这些是什么？你们认识吗？你们知道稻草席、石灰水、塑料布的作用吗？

幼儿回忆前期经验，和同伴说一说大家收集的材料。

教师和幼儿进行充分互动，将幼儿收集的各种不同的材料展示出来，引导幼儿观察、比较和介绍这些保暖材料。

三、分工合作：学做小小护树员，用实际行动爱护植物

幼儿自由组队，和好朋友商量一下，准备用哪些材料、哪些方法来给植物保暖，帮助植物过冬。

幼儿交流商讨的结果。

教师提醒用石灰水一组的幼儿，使用前穿上工作服，戴上小手套，小心石灰水溅到衣服和皮肤上。

幼儿分组操作，教师巡回观察，必要时给予提示和指导。

教师提醒用绳子绑银杏树的一组幼儿，从根部开始一圈圈绕上去，要收紧。

教师引导石灰水的一组幼儿，寻找刷得又快又好的方法。

教师鼓励用稻草裹一组的幼儿，三个人分工合作，这样绑得又牢固又快。

教师鼓励用塑料布做大棚的一组幼儿，多人合作将塑料布拉平整。

四、交流分享:萌发爱护植物的情感

幼儿互相观看保暖好的植物朋友,交流各组的操作方法,共同分享经验。

教师提问:你们用了什么材料和方法替植物保暖?

教师鼓励幼儿在介绍植物保暖方法时要说明组内好朋友是如何分工合作的。

小结:以后我们要经常来看看植物朋友,要关心、保护它们。

▶**活动延伸**

师幼一起设计树牌,增强幼儿与植物之间的情感。教师引导幼儿以后经常关注植物。

活动四:体育游戏"拔萝卜"

▶**活动目标**

(1)愿意在冬天进行适量运动,体验快速跑和减速停的快乐。

(2)了解立冬拔萝卜的习俗,掌握 10 米往返跑的动作要领。

(3)能用运动的方式锻炼、保暖。

▶**活动准备**

物质准备:起点、终点标志线,萝卜道具、沙包、篮筐、树枝若干,哨子,适合活动的音乐。

经验准备:已有往返跑的经验。

▶**活动过程**

一、创设"来到小菜园"游戏情境,做热身活动

教师播放音乐,带领幼儿进行热身运动,引导幼儿做:转脚踝、转膝盖、压腿、弯腰、走、跑。

二、幼儿自由探索游戏材料,掌握 10 米往返跑的动作要领

幼儿自由探索往返跑取物的方法,尝试摆放"萝卜"等材料到合适的位置。

教师请幼儿示范动作,指导并讲解动作,引导幼儿学习 10 米往返跑动作。

幼儿两人一组,两腿前后分开,站立在起点线后,不得踩线或过线;当教师吹哨子之后,立即起跑,直奔起跑线;用手触摸到终点线后,转身跑回起点线。

教师请幼儿自由分组,尝试 10 米往返跑,巩固游戏规则和动作要领。

三、创设"拔萝卜"游戏情境,了解立冬拔萝卜的习俗,感受冬季运动的快乐,用运动的方式保暖

游戏一:"拔萝卜"

场地布置:起点与终点距离 10 米,在终点处摆放筐子,每个筐子中放 6 个萝卜。筐子数与幼儿组数相同。

游戏玩法:幼儿分成 6 组,进行接力竞赛。每组第一名幼儿听到口令后,快速跑向终点,拿到萝卜后向后转,原路返回,跑回到队尾站立。下一名幼儿继续跑,拿萝卜,依次循环。最快拿回筐中 6 个萝卜的小组获胜。

游戏二:"穿过小树林"

场地布置:起跑线垂直距离 10 米处摆放 2 组,每组 6 根树枝,间距 1 米直线布置。

游戏玩法:幼儿分成 6 组,进行接力竞赛。每组第一名幼儿听到口令后,快速跑向树林,来到树林后 S 形跑过树林;然后右转弯向后原路返回,与下一名幼儿拍手后,减速跑,回队尾站立。下一名幼儿继续跑。循环一轮,最快的组获胜。

四、引导幼儿做动作,进行放松活动

幼儿跟随音乐,活动身体各部位,进行放松和整理活动。

》家园共育

一、立冬美食

立冬是收藏的时节,是每年养护身体的开始,要养阳、藏阳,补肾藏精,养精蓄锐。民间有立冬进补以度严冬的习俗。

(1)饮食多白、少咸。饮食以时令蔬菜为主,适量添加肉食,避免幼儿肺热不能排出,出现发热、咳嗽等症状。多吃富含维生素的食物,可有效增强身体的免疫力。

(2)秋冬时节,气候干燥,一杯暖暖的蜂蜜柚子茶暖心又润喉,让初冬"柚"滋"柚"味。

(3)冬季气候干燥,加上室内有暖气,幼儿容易出现口干、鼻干和咽干等缺水症状,应及时补充水分。

二、立冬养生

(1)冬季寒冷干燥,幼儿皮肤易干裂发痒,洗完脸后要及时抹润肤霜,适度锁

水、有效滋润,缓解皮肤干燥。

（2）不可再追求"秋冻"。根据气温适量增添衣服,幼儿穿的衣服一般比成人多一件即可。

（3）冬保三暖。头暖——头部暴露易受寒冷刺激,引起血管收缩、头部肌肉紧张,从而引发头痛、感冒等问题,小朋友们可以戴上帽子来抵御寒冷。背暖——寒冷的刺激可通过背部影响肌肉或传入内脏,危害健康,小朋友要注意添衣保暖。脚暖——脚部受寒,可反射性地引起上呼吸道黏膜内的毛细血管收缩,纤毛摆动减缓,抵抗力下降。

第四章 »»»

创建四季课程"园家社"协同育人新模式

四季课程"园家社"协同育人,以幼儿园、家庭、社区三方共同参与为核心,旨在为幼儿提供一个全方位、多层次、立体化的教育环境,强调教育资源的整合与共享,促进各教育主体之间的互动与合作,为幼儿提供更加丰富、全面的教育内容。

第一节 四季课程系统中家园共育的特质

随着时代发展,人们对教育的需求不断提高,追求高质量的学前教育已成为社会的主流。实现这一目标,一个重要的支撑就是要形成教育合力,让幼儿园、家庭、社区共同参与到幼儿的发展过程中,共同为幼儿创造一个全面、和谐、优质的教育环境。2023 年初,教育部等十三个部门联合印发的《关于健全学校家庭社会协同育人机制的意见》提出要形成定位清晰、机制健全、联动紧密、科学高效的学校家庭社会协同育人机制。幼儿园"园家社协同育人"这个概念本身就凸显了"育人"的特质,"育人"才是落脚点。衡量"园家社"协同育人工作成效的根本标准是看其在促进人的发展,即立德树人上的成效,这也是由教育培养人的本质所决定的。

一、"园家社"在四季课程中的角色定位

幼儿园、家庭和社区是幼儿成长过程中不可或缺的三大环境,它们各自承担着不同的教育责任和角色,共同为幼儿的全面发展提供支持。根据生态系统理论,幼儿园、家庭和社区三者之间的关系构成了幼儿成长的中观系统。这个系统中,各微观系统间的互动质量越高,幼儿在身体、智力、情感和社会等方面的发展可能性就越大。因此,四季课程注重与家庭和社区进行高质量的互动,以促进幼

儿全面、和谐、快乐地成长。

第一,家庭是幼儿最早接触的社会微观系统,对幼儿的成长具有深远的影响。家庭的教育功能主要包括生活习惯的培养、情感需求的满足、道德观念的塑造等。幼儿园与家庭紧密合作,可以确保幼儿在幼儿园与家庭之间获得一致的教育理念和价值观,有利于幼儿形成健康的人格和良好的社会适应能力。

第二,幼儿园作为专门的学前教育机构,具有专业的教育团队和丰富的教育资源,对幼儿的早期教育至关重要。四季课程注重启发式教学,关注幼儿个体差异,引导幼儿在游戏、劳动中学习,培养幼儿的创新精神和团队合作意识。幼儿园要加强与家庭的沟通,了解幼儿在家庭环境中的表现,为家庭提供科学的教育指导,共同促进幼儿健康成长。

第三,社区作为幼儿生活的广泛环境,具有丰富的人文资源和公共服务设施。社区教育旨在拓展幼儿的学习空间,提高幼儿的社会实践能力。四季课程中的"豆宝趣研学"板块主要就是充分地发掘社区资源,通过组织丰富多彩的活动,如亲子活动、文化活动、公益活动等,为幼儿提供更多元化的学习机会,培养幼儿的兴趣爱好,促进幼儿全面发展。

二、四季课程"园家社"系统育人的亮点举措

"协"是方法,"同"是目的,"共"是方式,"育"是目标。四季课程强调"园家社"协同育人,创新"种子润心社团""课程实践小组""豆荚智慧书屋"的举措,旨在构建一个全方位、多层次、立体化的"协同育人"教育体系。在这个体系中,幼儿园、家庭和社区在平等和谐、互相尊重的状态下,共同参与幼儿的教育过程,形成一个紧密相连、互动互补的共育网络。通过这个网络,幼儿在幼儿园、家庭和社区三个重要环境中获得全面、和谐、个性化的教育。在这些举措的推动下,在课程组织实施的过程中,不仅让幼儿受益,同时家长、社区人员在观念和行为、知识和能力方面都会有所收获。因此,四季课程中的"园家社"共育不仅是"育儿",更包含着"育家庭、育社区"的功能。从教育生态视角来看,"育家庭、育社区即""育幼儿"。(附四季课程"园家社"共育"三举措"图)

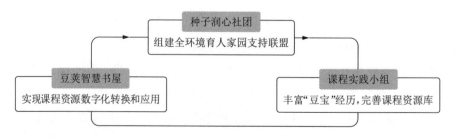

种子润心社团
组建全环境育人家园支持联盟

豆荚智慧书屋
实现课程资源数字化转换和应用

课程实践小组
丰富"豆宝"经历,完善课程资源库

（一）幼儿在协同育人中全面成长

创新的协同育人课程，旨在拓展幼儿成长的教育空间和场域，为四季课程注入新的活力。这种家园共育参与课程的模式打破了传统教育的局限，打造了一个开放、多元、包容的教育环境，让幼儿的学习路径更加丰富多样。在家园共育中支持家长注重引导幼儿通过直接感知、亲身体验和真实操作的方式，去探索和认知世界，关注每一个幼儿的特点和需求，为幼儿提供恰当的支持和引导。这种以幼儿为中心的教育理念，有助于提高幼儿的幸福感和成就感，为幼儿的未来发展奠定坚实的基础。

（二）园所在协同育人中深度发展

加大信息化技术在"园家社"协同育人中的应用，搭建数字化的课程资源库，实现课程资源的随机填充、方便提取、再生完善的应用实效。随着教育教学内容的不断更新，教师和家长均可以根据课程实际需求，随时将园、家、社中比较适宜的资源在系统上进行提交，通过审议后纳入资源库，极大地扩展课程资源的来源，让课程资源更加全面、丰富、多样。在过去，教师需要花费大量时间和精力来整理教材、课件等教学资料，而现在，通过信息化技术，教师和家长可以快速地在资源库中找到所需资料，节省了大量时间。这使得教师可以更多地关注教学方法和幼儿需求，进一步提高教育教学水平；家长可以更好地利用资源进行家园活动。教师和家长可以根据幼儿的反馈，对资源库中的课程内容进行调整和改进。这种持续优化有助于提高四季课程资源的质量，使之更加符合幼儿的实际需求。

第二节　种子润心社团的实践应用

兴趣可以滋养动力，对于家长而言亦是如此。四季课程基于共同的课程愿景，根据家长的教育需求，自愿申报种子润心社团，本着"以趣促建"的原则，提高家长参与课程的积极性。种子润心社团主要由"润·家庭""润·生活""润·游戏"三个板块构成，分别创建了"豆爸豆妈成长营""小种子养成社团""豆宝游戏支持联盟"。

四季课程家
园协同共育

种子润心社团

润·家庭
"豆爸豆妈成长营"

润·生活
"小种子养成社团"

润·游戏
"豆宝游戏支持联盟"

一、润·家庭——"豆爸豆妈成长营"

"豆爸豆妈成长营"旨在促进家庭成员之间的亲情沟通与互动,每月一期,每期由家长发起研讨话题,围绕家庭教育中的教育难题,教师和家长将关于亲子沟通、家庭教育、心理健康等方面的典型经验进行碰撞,以家庭教育讲座、豆宝家庭沙龙、案例分析等形式,帮助家长了解幼儿的成长需求和发展方向,探讨因人施教的适宜性策略,使家长更好地胜任幼儿成长路上的引导者与陪伴者的角色,提高家庭教育水平。

(一)"豆宝捣蛋行为"话题的提出

豌豆班乐乐妈妈自述:最近我家豆宝特别捣蛋,就是很逆反,越不让干什么越要干什么,老师跟我沟通时也发现,在班级里也会出现同样的情况。班级个别家长也找过老师,说这个豆宝总是捣蛋,影响了其他幼儿和班级一日活动,非常令人头疼。这一话题也引起了家长的共鸣,无论是捣蛋的幼儿家长,还是捣蛋幼儿所在班级的家长,都希望能够通过有效的教育策略解决这一难题。

通过乐乐妈妈的自述可见,小豆宝的捣蛋行为对家庭中的亲子关系、班级的幼幼关系都产生了影响。捣蛋行为是指幼儿在幼儿园和家庭的一日活动中表现出来的一系列让教师和家长以及其他幼儿头疼的行为。虽然具有捣蛋行为的幼儿在班级所占比例并不大,但是教师和家长很难对这类幼儿进行管理或约束。这不仅不利于幼儿未来的社会性行为的发展,还会对其他幼儿的正常学习和生活带来困扰。幼儿捣蛋行为在幼儿园是较为常见的,给教师工作和家庭教育带来很大的挑战。

(二)成长营"豆宝豆妈"思维碰撞

本期成长营,家长们根据乐乐妈妈提出的话题做了相关的功课,针对这个问题展开剖析,并将问题记录下来,进行思维碰撞。在研讨的过程中,家长挖掘出了几点原因。

豆爸 A：幼儿生长发育必经阶段，不可避免。幼儿园幼儿处在发育的高峰期，心理发展不成熟，自我控制能力弱，所以不能很好地控制自己的行为，难免会调皮捣蛋。幼儿的生长发育需要一定的"捣蛋"，多动有助于丰富幼儿的经验，有助于幼儿健康成长，是一种心理上的发泄行为。

豆妈 B：幼儿平时易被忽略，试图博取关注。乐乐父母工作较忙，平时忙着照顾妹妹，导致乐乐受到的关注较少，容易被忽略，那么乐乐就只好通过捣蛋行为来博取父母的关注。同样，如果乐乐以往在家时刻享受关注，那么在他处于另一个不那么受关注的环境中（如幼儿园），他会想要通过一定的行为来引起大家的关注，于是就产生了捣蛋行为。

豆爸 D：幼儿为了寻找发泄契机，释放自我。有的幼儿家庭教育比较严厉，父母较为专制，很少倾听幼儿的想法，导致幼儿活泼天性受到压制，内心压抑。这种情况下，一旦严厉的环境出现缺口，幼儿便找到了发泄的契机，释放自己的"捣蛋"。

豆爸 X：幼儿家庭教养方式不当，教育不一致。有的家长对幼儿过于娇惯，幼儿的需求一旦得不到满足便捣蛋或者哭闹，于是家长就妥协，久而久之就助长了幼儿的捣蛋行为。家庭教育不一致也会导致幼儿的捣蛋行为，祖辈对幼儿娇惯溺爱，甚至有的爷爷奶奶还批评幼儿父母过于严厉，这些都助长了幼儿的捣蛋行为。

（三）心理咨询师助力解题

心理咨询师帮助家长梳理了当前在矫正幼儿捣蛋行为方面存在的误区：一是人为干预影响了自然后果的出现。在幼儿出现捣蛋行为时，老师和家长会不自觉地带着情绪参与其中，很少能做到客观公正地看待或者不干预幼儿的捣蛋行为。或者火冒三丈，或者过度宠溺。这些人为的干预不能让幼儿切实直观地体会到自己的行为带来的后果，不利于幼儿捣蛋行为的矫正。二是成人的主观判断使惩罚缺乏客观性。成人往往根据自己的生活经验来盘点幼儿捣蛋行为的破坏性，对幼儿捣蛋行为的惩罚过重或过轻是不可避免的。严厉的家长或教师会对幼儿惩罚过重，而宽容的家长或教师会对幼儿过于包容。所以，应减少成人的主观判断，让惩罚的程度取决于幼儿自己的行为，客观公正地让幼儿感受行为的后果。三是成人未给幼儿自我修正的机会。幼儿身心发展不成熟，无法预判自己行为的后果，也无法理解成人施加惩罚的目的，更没有建立道德观念。所以，幼儿需要体验自己行为后果的机会，进行自我反省、自我修正。但是在实际生活情境中成人总会剥夺幼儿自我修正的机会。四是过多的压制违背了幼儿的活泼天性。幼儿天性活泼好动，靠感知来丰富生活经验，所以产生捣蛋行为不可避免。若成人过多地压制幼儿的捣蛋行为，就会使幼儿感到束缚，这也不敢做，那也不敢做，这样的幼儿虽然听话，但失去了个性，违背了幼儿活泼好动的天性，不利于幼儿的成长发展。

（四）教师基于自然后果法引导和纠正捣蛋行为的策略分享

豌豆班吕老师：幼儿出现捣蛋行为时，成人要仔细分析幼儿产生捣蛋行为的动机，以及产生此行为的原因，要针对幼儿的动机及成因进行教育，不能盲目干预。这也要求幼儿园与家长建立良好的沟通机制，及时交流，深入了解幼儿产生捣蛋行为的原因。家长以及教师可以在幼儿捣蛋时运用自然后果法，让幼儿的捣蛋行为的后果直接作用于幼儿自身，让幼儿深刻体会到自己行为带来的不便和痛苦体验。

幼儿处于身心发展的高峰期，活泼好动，有着很强的好奇心和求知欲，想要探索各种事物。但幼儿年龄尚小，没有建立起道德观念，自我控制力差，所以捣蛋行为不可避免。幼儿发生捣蛋行为时，应顺其自然地运用自然后果法，不以成年人的道德价值取向去要求幼儿，不必过多地加以斥责或安慰，更不能袒护或替他解决问题，要客观评判幼儿行为的后果，不过早干预，给幼儿足够的时间去体会自己行为的恶果，丰富幼儿的内在体验，让幼儿自然认识到自己的错误并加以改正。

1. 进行引导对话，帮助幼儿深刻反省错误

幼儿捣蛋行为得到矫正意味着破坏了他以前的心理平衡。在进行引导对话时，教师要把握适当的时机，在幼儿行为出现后果时不要马上指出，这时的幼儿还没有对行为后果有充足的体验，要等到后果完全凸显之后再进行对话引导。所以，教师要一直关注幼儿的情绪波动，在幼儿有足够的内心体验后再与幼儿进行对话交流，倾听幼儿的想法，找到造成这种结果的原因，并明白产生这种后果是由于自己的捣蛋行为造成的，引导幼儿改正错误，下次不再犯。

2. 与其他方法结合，灵活运用自然后果法

在运用自然后果法时强调幼儿对结果的切身体验，以幼儿的直接经验为基础，所以幼儿对于自然后果惩罚的认识有时仅仅局限于对自身体验的关注。过于关注自身会让幼儿忽视集体，自我膨胀。当自然情境下产生不了教育情境时，教师和家长可以利用时机，人为地创造一个"自然情境"，创造更多的教育机会。多

种方法相结合,取长补短,实现最优化的教育效果。

3.豆爸豆妈利用自然后果法后矫正捣蛋行为经验论坛

家长要自觉反思自然后果法与惩罚、斥责的不同;反思运用自然后果法的情景、运用自然后果法的"度";反思自然后果法是否会对幼儿情绪产生不良影响,怎样引导幼儿才能避免这种影响,如何提升矫正效果等一系列问题。家长用辩证的眼光看待每一种教育教学方法,既不能盲目跟从,也不能全盘否定。

幼儿捣蛋行为的矫正并不是一蹴而就的,自然后果法为幼儿捣蛋行为的矫正提供了建议。教师和家长要学会正确地看待幼儿的捣蛋行为,进行矫正时要采用适合幼儿认知发展的科学的教育方法,在维护幼儿个性发展的同时,实现幼儿捣蛋行为的矫正。

二、润·生活——"小种子养成社团"

"小种子养成社团"着重关注家长与幼儿的生活品质,以提高生活自我服务能力、培养健康生活方式为主。内容涵盖饮食、运动、环保、礼仪、传统文化等方面,引导家长关注幼儿的生活细节,培养幼儿独立自主的能力。通过这个板块的学习与实践,家长和幼儿将共同掌握更多健康、环保、实用的生活技能。

每一位入园的小宝宝都是一粒"小种子",幼儿每日在幼儿园中的生活应当充满丰富多彩的活动,除了游戏、教学活动外,日常进行的盥洗、吃饭、如厕、睡觉等生活活动也是教育幼儿养成良好的生活卫生习惯、行为品质和活泼开朗性格的重要途径。幼儿园一日生活各环节"入离园、生活环节(餐点、午睡、盥洗、排便等)、过渡环节、集体教学活动环节、自由游戏环节、活动区环节、户外活动环节"的存在都是因为幼儿的需要,都有其不可替代的价值。偏重或轻视任何一个环节都可能破坏幼儿生活整体的平衡,都可能给幼儿带来学习或发展上的偏差。以小班幼儿进餐环节为例,在幼儿入园前针对家长比较关注的吃饭问题,为家长准备了进餐助攻小妙招。

(一)家长困惑:宝宝喜欢吃饭时看电视,关了就要求打开,不然就哭闹

助攻关键词:接纳感受、温柔坚持。

第一,要反思的是,我们家长在吃饭时有没有看电视的习惯,如果有,那幼儿有这样的行为就再正常不过了。因为幼儿更多的不是听你怎么说,而是看你怎么做,也就是说家长要给宝宝树立榜样。

第二,要反思的是,当幼儿第一次要求边吃饭边看电视时,家长是如何处理的,如果第一次没有制止,那肯定会有第二次、第三次。

现在我们要做的就是,不要被幼儿的哭闹所牵制。当幼儿吃饭想看电视时,我们要非常坚定地告诉幼儿:吃饭的时候不能看电视。如果幼儿哭闹,我们要做到以下三个步骤:

（1）让幼儿说出自己的感受——"不让你看电视,你很难过（或生气）,是吗？"

（2）允许幼儿正常发泄——"如果你想哭就哭一会儿吧！"（如果我们要改变幼儿已经习惯了的做法,还不允许幼儿有不良情绪或者不哭闹,你认为正常吗？）

（3）表达爱意——"妈妈陪着你！"或者"妈妈爱你！"当然最好再来一个拥抱,因为拥抱是表达爱意最有力的方式。或许幼儿的情绪就会慢慢平静下来,当然这需要一个过程。当幼儿发现,他的哭闹已经没有威力,而且幼儿发现你是如此地理解和接纳他,结果会是什么,估计大家已经猜到。现在的关键就是,你要学会说出接纳幼儿情绪的语言,并且要温柔地坚持下来,千万不可半途而废！

（二）家长困惑:在家吃饭和在幼儿园吃饭完全是两个状态,在家应如何教育幼儿好好吃饭?

助攻小策略:榜样示范、持之以恒。

（1）给幼儿示范。在幼儿不会拿勺子自己吃饭之前,教师饭前都要津津有味地示范吃饭的方法,动作慢一些,让幼儿能看清楚,并简单地介绍饭菜。即使是幼儿自己搬着椅子到座位上坐好这个动作,教师一开始也是要示范的,因为幼儿是通过模仿来学习的。

（2）鼓励幼儿自己吃饭。吃饭的时候,尽量让幼儿自己吃,实在担心幼儿吃不饱,教师会个别喂的。

（3）营造好的氛围。吃饭的时候播放优美的音乐,让幼儿感觉到吃饭是一件很享受的事情。

（4）时间固定、有规律。在幼儿园吃饭都是定时的,什么时间吃饭、吃水果都是有规律的,中间是没有什么零食可以吃的。幼儿也只有意识到吃饭时如果不好好吃就会饿肚子,才会好好吃饭。

（5）温柔地坚持。如果幼儿吃饭的时候离开了,教师会把幼儿叫回来或者抱回来,并告诉幼儿:"要在餐桌旁吃饭！"即使幼儿哭闹,也会温柔地坚持。其实幼儿是很聪明的,如果幼儿试探一两次之后,都不成功,就会乖乖地在餐桌旁吃饭。关键是,从一开始教师就要提出明确的要求,然后坚持下去。

（三）家长困惑：宝宝总喜欢用筷子吃饭，可总是吃不到嘴里，看着真急人

关键词：给予理解、耐心等待。

当看到这个困惑的时候，我们的直接反应就是，家长为什么非要那么着急呢？我们刚学习使用筷子的情形难道已经忘记了吗？难道从中我们就没有发现幼儿是多么的可爱？虽然总是吃不到嘴里，但还是总喜欢用筷子吃饭，这种愈挫愈勇的品质是多么可贵！

我们所要做的就是告诉自己：无论谁第一次使用一种新的工具，都是经历不熟练到熟练这样一个过程（当然这也是事实），并给予幼儿充分的理解，告诉幼儿："妈妈小时候刚学习用筷子的时候，也是这样的，别着急！"而不是幼儿还没有着急，父母先急了。

然后就是要耐心地等待幼儿，只要幼儿稍有进步，就及时给予鼓励："妈妈发现，你能夹起菜了，真不错！"千万不能因为自己着急，就剥夺了幼儿练习的机会，那样幼儿永远也学不会用筷子了。当然如果父母实在着急，也可以根据孩子的能力在旁边适时喂喂他。这样既能让幼儿得到锻炼，又让父母不至于太着急。每一个幼儿生来都有一套自行调整进食数量和种类、满足正常生长发育需要的精妙的生理机制。所以我们可以一直相信，幼儿完全有能力知道什么是饿、什么是不舒服、什么是美、什么是快乐……

为什么有那么多幼儿吃不下东西，主要原因是父母喜欢催逼幼儿吃饭。因为幼儿有一种被逼急了就要"顶牛"的本能。吃什么要是吃得不高兴，下次见了就讨厌……所以催逼幼儿吃饭是无益的，反而会进一步败坏食欲，使之长期得不到复原。

餐桌不是你跟宝宝意志力较量的战场。

有没有营养要靠家长在做饭时调节，拿上桌的食品就要允许幼儿自己选择。

自己吃饭带来的喜悦比吃的量更重要。

三、润·游戏——"豆宝游戏支持联盟"

润·游戏板块注重突出游戏在幼儿成长过程中的重要性，让家长和幼儿共同参与，让家长看到幼儿园以游戏精神建构和实施课程的意义和价值，从而达成文化认同，促进"园家社"合作。我们将定期邀请专家、教师和家长代表组建四季课程"园家社"课程委员会，共同探讨课程设置、教学方法、游戏支持等方面的问题，以期不断提高课程质量，为幼儿的成长提供更好的教育环境。在这个板块中，家长可以充分发表自己的意见和建议,为学校课程的优化贡献力量。

为更深入地让家长了解游戏力养育是一种真正看见幼儿、了解幼儿的育儿方式,本园推行游戏项目家园共建工程,建构教师、家长游戏力养育研究共同体,共同见证游戏的魅力。

(一)家庭游戏案例解读

为更好地提升家长在游戏力养育中的观察指导能力,本园每月组织一次家庭游戏视频解读教研,在探寻游戏中幼儿视角的同时,让家长由"陪同"走向"陪伴"。如在"给'宝宝'洗澡"游戏中,小霏在"娃娃家"抱起"小宝宝",拿起盖子当浴盆,拿了一块小积木当肥皂,用肥皂一会儿给"宝宝"搓搓前胸,一会儿给"宝宝"搓搓后背,边洗澡边唱歌:"'小宝宝'洗洗头,我们一起洗洗头,洗洗脚和小小手,后面洗完然后再洗头。"洗完之后,小霏最后站在原地看了一圈,拿来了厨房用纸给她的"宝宝"裹上了"浴巾"。通过这个游戏引发家长思考:你看到了什么?有什么感受?通过这种基于游戏现状的渐进式解读,发现幼儿在洗澡的过程中将家长给自己洗澡的情景再现到游戏中,在没有现成的材料进行游戏的情况下,能够利用已有的材料,以物代物进行游戏,体现了幼儿的想象力和创造力。我们也感受到生活中不起眼或废旧的材料的投放价值所在,它们对幼儿游戏中的创造性使用和丰富游戏内容提供了良好的隐形支持。

(二)幼儿园游戏案例剖析

以沙水游戏为例。针对沙水区一名幼儿尝试接管引水,A幼儿首先选择了操作难度较高的材料,反复尝试后未能成功,更换了易于操作的材料后成功引水。此时抛出问题引发家长思考:此时您是否需要介入?家长意见产生分歧。有的家长说不需要介入,因为不管选用什么材料幼儿最终都能达成目标,但是可以在游戏后进行分享交流,借助家长的智慧引发幼儿的再实践。有的家长说需要介入,认为幼儿遇到困难时需要给予幼儿支持。家长们在思考、分享交锋中感受到,游戏中的指导虽没有固定的脚本,但游戏中家长要基于幼儿的性格特点、发展现状和问题解决情况进行研判,不直接告诉幼儿结果,不忽视幼儿的求助,通过互动、提供材料等方式给予支持。注重幼儿在与材料互动中的深度思考和探究学习,也进一步激发家长在家庭游戏区中创设游戏问题板块、提供游戏故事记录本的积极性,引导幼儿经历"提问题—想办法—验证—总结"的思维过程,推动幼儿的深度学习。

（三）家园游戏直通车

一方面,教师通过手机端将幼儿游戏时的情景随身拍照片并推送给家长,让家长以幼儿园游戏为话题,与孩子展开"你玩我猜"的互动对话,通过了解孩子游戏时的愉悦心情、游戏创想、游戏情节等深入地了解幼儿游戏的心理状态与内在需求。另一方面,家长通过手机端将幼儿在家庭游戏时的情景以照片或视频的方式推送给教师,并对游戏内容和情节进行客观描述,也可将游戏中出现的问题和困惑传递给教师,教师结合家长的问题和困惑进行解答,以赢得家长对游戏力养育的认可,树立以幼儿为本的家长游戏力养育的教育理念。

（四）畅玩游戏成长档案

家园合作共建信息化幼儿游戏成长档案,以视频、文字相结合的观察记录方式收集评估素材,通过幼儿园游戏评估表、家庭游戏评估表相结合的方式对游戏过程进行对话,架构起"猜想＋讨论＋实证"的游戏解读路径,帮助家长了解幼儿游戏的发展轨迹和游戏的内在价值,达成教育共识,共建幼儿游戏成长档案,共留美好记忆。

第三节 课程实践小组的实践应用

幼儿的研学旅行和寓教于乐的课外实践活动,对于拓宽幼儿视野,拉近幼儿与自然和文化的距离,培养幼儿主动学习的能力以及促进幼儿的社会性发展有着积极的作用。我们要鼓励家长寻找孩子的共同兴趣,引导他们建立家庭小分队,围绕幼儿的发展目标,以小分队的形式配合幼儿园开展活动,以家园合作方式共同促进幼儿发展。在教师的指导下,家长根据孩子相同的兴趣爱好以及家庭住址、家长资源的分布情况等进行组队。每队五六个家庭,可相对固定,也可以灵活调整。家庭之间在平等、互助、合作中完成家园共育的目标。家庭小分队的活动形式有效弥补了幼儿园教育上的不足,实现了园内和园外活动的相互补充和相互融合。

一、"一粒种子的旅程"——农耕文化实践活动

农耕文化是中华优秀传统文化的根基,应时、取宜、守则、和谐等理念深入人心,孕育了悠久而厚重的古代农耕文明。幼儿园农耕活动是一种包含自然性、趣

味性、知识性、情感性、实用性的教育模式。农耕文明作为中华民族优秀传统文化的底色，积淀了宝贵的农学思想，传承了中华上下五千年厚重的文化底蕴，作为中华文明的重要载体滋养着中华民族的精神家园。为了让幼儿弘扬中华优秀传统文化，提升幼儿优秀的劳动品质，充分发挥"园家社"共育作用，我们以"一粒种子的旅程"为主题的社会实践活动贯穿一年四个季节，该活动可以丰富幼儿农耕学习经历，在播种、除草、收获、冬藏的四季劳作中，让幼儿感受一粒种子的成长故事。

以秋季为例，幼儿在家园"晒秋"中收获幸福，在劳动中收获成长。遵循幼儿的兴趣，我们把自然教育引入幼儿园生活，最大限度地支持和满足幼儿直接感知、实践操作、亲身体验过程中的需求。大自然是我们的"活教材"，南瓜、萝卜、山芋、稻谷、花生、玉米、柿子、老姜、山楂……经过春的播种、夏的耕耘，迎来了秋的收获，长幼萌娃们开启了大自然的探秘之旅。（附相关活动链接）

（一）"闯荡'姜'湖"实践小组活动

幼儿总是不喜欢吃姜，很多大朋友为之头疼，家里的菜、包子里的馅都不敢放姜。为此，"闯荡'姜'湖"小分队开展了一场关于"生姜"的旅行，快和我们一起"闯荡'姜'湖"，一探它的秘密吧！

（二）"'薯'你最甜"实践小组活动

追随幼儿田地里挖红薯的忙碌身影，"'薯'你最甜"小分队开启了晒红薯的自然实践活动。认识新鲜的红薯，通过洗、切、晒、蒸等一系列的动手操作活动激发了幼儿对生活的热爱，渗透了生活教育。

（三）"萝卜的秘密"实践小组活动

白的、红的、绿的、橙的萝卜引发了很多有趣的故事，丰收的季节，让我们一起感受丰收的快乐，开启对萝卜的探秘……

（四）"刚好'玉'见你"实践小组活动

在"晒秋"的活动中，幼儿结合原有对玉米的认知经验进行了有目的的探索，并互相交流着新发现……

二、"豆宝初体验"——传统文化实践活动

中华优秀传统文化是我国数千年历史发展中形成的精髓，是中华民族的精

神支柱与力量源泉。为了传承中华优秀传统文化,积极探索将二十四节气的传统文化融入幼儿的一日活动中,本园开展了一系列活动,如春分节气挖野菜、小雪节气腌菜等,让幼儿在传统文化实践活动中感知民风民俗的独特韵味。

家园实践活动一:"探野"行动

中国有个习俗叫作"春分吃春菜"。春菜一般分为五种,即香椿芽、菠菜、豆芽、春笋、韭菜,在春分前后吃它们,会让人感觉更加新鲜清甜。古人认为,在春分时节吃春菜有养生与开运的效果,能够保佑一家人身体健康。所以,这个习俗就慢慢地传承了下来。

▶**活动准备**

物质准备:篮子、小铲子、手套、记录表。

经验准备:家庭自主结对,家长和幼儿制订"探野"计划。

▶**活动过程**

1. 认识野菜,了解野菜的品种和外形特征

(1)春雨过后,种类繁多的野菜纷纷登上了它们的舞台,活跃在田野间,尽情地旺盛生长。教师出示荠菜、蒲公英、马齿苋等野菜并引导幼儿观察:这些野菜长什么样子?怎样进行区分呢?

(2)请豆宝奶奶为小朋友们介绍不同野菜的主要特点。这些野菜有哪些特殊价值?野菜能炒菜吃、能泡水喝吗?野菜能炖汤喝吗?许多令人好奇的问题激发了幼儿的探究兴趣,家园"探野"小分队马上飞奔田野,来个野菜大探索。

2. 挖野菜,在实践中提升原有认识经验,感受挖野菜的乐趣

(1)家庭小分队在豆宝奶奶的指导下,边实践边认知,开始挖野菜。

(2)小组交流分享自己在挖野菜的过程中的趣事,家长进行记录。

乡野田间地头挖野菜啦:对于大人而言,挖的是野菜,寻的是童年味道,忆的是儿时的美好;对幼儿来说,是一次新的认知和体验。

3. 尝野菜,品尝亲子制作的美食

亲子一起用挖的野菜制作野菜团子,蒸野菜团子,品尝食物最天然、最本真的味道。幼儿品尝自己的劳动成果,感受大自然带来的美味。在食野菜方面还要注意安全事项:

（1）不认识的野菜不要吃。容易发生误认的野菜不要食用,以免中毒。

（2）野菜取材要新鲜。洗切和下锅烹调的时间不宜间隔过长,避免造成维生素及无机盐流失。

（3）要注意野菜的烹饪方法。野菜的烹饪注重保持其"野味",可炒食、凉拌、做馅,亦可熘、烩、烧、煮,还可做汤或生食,关键在于根据野菜不同的特点选择不同的烹饪方法。

（4）野菜不可多吃。野菜不可多吃,因多数野菜性寒凉,易造成脾虚胃寒等,一定要适量。此外,靠近马路边的野菜最好不要食用。因公路灰尘多,长期受汽车尾气污染,有毒有害物质易附在叶子上。

（5）苦味野菜不宜多食。苦味野菜性味苦凉,有解毒败火之功效,但过量食用会损伤脾胃。野菜最好是现采现吃,久放的野菜不但不新鲜,而且营养成分减少,味道变差。

家园实践活动二:小雪腌菜

小雪节气的到来,意味着天气越来越冷,降水量渐增。除此以外,家家户户也开始准备御寒用物,开始腌制、风干各种蔬果及肉类,以备过冬食用。小雪节气活动中,"小雪腌菜,大雪腌肉"这句谚语引起了幼儿的兴趣。什么是"腌"呢?为什么"腌"呢?怎么"腌"呢?

▶**活动准备**

物质准备:厨师帽、洋姜、雪里蕻等蔬菜、各种腌菜料、案板、桌布、一次性手套、幼儿用刀具等。

经验准备:家庭自主结对;幼儿品尝过腌菜,初步了解腌菜的步骤。

▶**活动过程**

1. 出示腌菜,了解小雪节气腌菜风俗

俗话说:"小雪腌菜,大雪腌肉。"北方都有腌渍酸菜、咸菜的习俗。因为此时开始大量收获蔬菜,小雪时节天气也逐渐转寒,温度会持续下降,这个时节腌制的东西不至于因高温而坏掉。在食物不易保鲜的古代,没有冰箱等电器,人们发现小雪时节腌制食品不易变质。于是,小雪一到,家家户户开始忙着储备腌菜过冬。

2. 实际操作中了解亲子腌菜的方法,体验自己动手制作美食的乐趣

（1）你们吃过哪些腌菜?它们是什么口味的?为什么人们喜欢小雪时节腌菜?今天咱们一起来做腌菜,你们想腌什么口味的?

（2）幼儿通过尝一尝、问一问感知所提供的香料的气味和口感。你们觉得用什么调料可以腌出这种口味？请各家庭小组提前准备好做腌菜的材料，根据自己的需要选择自己喜欢的蔬菜品种和调料腌制适合自己口味的腌菜，并及时记录，见表4-1。

（3）家长和幼儿将腌菜做上自己特有的标志，便于晾晒过程中查找记录和后期品尝。

幼儿经过拔、洗、切、晒、腌等系列活动，见证了蔬菜变身腌菜的有趣过程，这真是一段珍贵的体验，满足感和自豪感油然而生。

表4-1 小雪节气腌菜记录表

班级： 时间： 幼儿签名： 标志物：

腌菜香料				制作方法	晾晒时间	腌菜变化
名称	图片	味道	使用剂量			
花椒						
白糖						
料酒						

三、"豆宝在行动"——社会生活实践活动

"豆宝在行动"旨在通过社会生活实践，让幼儿走出幼儿园，接触社会，从而培养独立自主和与人合作的能力。在实践中，幼儿不仅丰富了知识储备，拓宽了视野，还激发了对祖国和家乡的热爱之情。每一次的探索与行动，都是豆宝们宝贵的学习经历。

公益实践活动：为大树穿"白衣"

《3～6岁儿童学习与发展指南》指出："要支持幼儿在接触自然、生活事物和现象中积累有益的直接经验和感性认识。"幼儿发现冬天的马路边上的大树会穿上白色的"衣裳"，那些白色的"衣裳"是什么呢？它们也能帮助树爷爷度过寒冷的冬季吗？带着疑问幼儿开启了新的探索之旅……

▶**活动准备**

物质准备:"白衣"制剂配料、刷子、小桶、美工刀、尺子、围裙、手套、大桶等,提前与环卫工人联系好为幼儿园树木粉刷"白衣"。

经验准备:充分发挥家长资源,借助豆宝爸爸在园林工作的资源,提前做好计划安排。家长自由组合进行分组。对冬天的天气特征有初步的认知。

▶**活动过程**

1.户外观看环卫工人为大树刷白衣

幼儿户外观看环卫工人为大树刷白灰。教师鼓励幼儿有礼貌地询问环卫工人叔叔:"请问叔叔你们在干什么?为什么要把树干刷得白白的?您是给大树喝牛奶吗?"

2.请豆宝爸爸介绍"刷白"的原因是为树木过冬穿上"防护衣"

1)保暖

冬天夜里温度很低,到了白天,受到阳光的照射,气温升高,而树干是黑褐色的,易于吸收热量,温度也升高得很快。这样一冷一热,使树干容易冻裂。尤其是大树,树干粗,颜色深,而且组织韧性又比较差,更容易裂开。涂了石灰水后,由于石灰是白色的,能够使 40%~70% 的阳光被反射掉,因此树干在白天和夜间的温度相差不大,就不易裂开。

2)控制病虫害

白白的"衣服"能够杀灭寄生在树干上的真菌、细菌,也能杀死树皮内的越冬虫卵和蛀虫,让树木更加健康。冬季时,树上有些害虫会钻到地底下过冬,秋天的时候刷上了石灰后它们就下不来了,冬天就会被冻死。来年春天再刷一遍石灰水,地下冬眠后的虫子想爬上树为害就不容易了。石灰会使虫子脱水而死,所以它们都会远离。

3)交通安全

白色的树干有一定的反光效果,可以让夜间的行人、车辆更好地看清道路状况。

3.请实践小分队分组分工,尝试为大树穿"白衣"

幼儿在环卫工人叔叔的带领下调配石灰水。然后刮除枝干病皮、病斑和附着的幼虫、蛹、卵,堵塞天牛、吉丁虫、爆皮虫等造成的洞孔。接着对树干从上往下刷白石灰水,刷到画线的同一高度位置,做好标记。这样,园内的大树就穿上了"白衣"。

护树涂白活动,既是一次文明实践活动,也是一次生动的劳动自然教育活动。幼儿在担任"粉刷匠"的过程中,不仅体会到了环境养护点点滴滴的不易,还切身感受到了园林绿化一线工作的细节。

1)"手"护绿色,文明"童"行

与绿色心连心,共建美好家园。长江路中心幼儿园家园志愿者前往长江路街道内各大社区开展"保护生态环境　建设美丽新区"环保志愿服务活动,倡议居民进一步筑牢环保意识,为建设人与自然和谐共生的现代化共同努力。

2)重阳敬老扬美德,"长幼"爱心共"童"行

特别的爱,给特别的你!由家园组成的尊老敬老志愿服务队带着热情,带着问候,带着心意,走进扒山社区,送上了他们精心准备的节目和礼物,和老人们共同度过了一个愉快又温暖的节日。

3)守护那片"生态蓝"

清洁海滩,离不开每一个人的努力,守护海洋,就是守护我们的家园和未来。海洋需要爱,长江路中心幼儿园志愿者们用行动守护琴岛之滨,用信念守护这片"生态蓝"。

第四节　"智慧+"阅读共育模式的创新实践

每年的豆豆阅读节,"园家社"都会开展一系列的活动,在幼儿的心中种下一颗阅读的小种子。本园借助阅读的契机,积极创建数智化的豆荚(家)智慧书屋,搭建家园共育"立交桥",实现"智慧+"阅读的家园共育新模式。

一、"智慧+"豆荚书屋的创建

(一)源于豆宝的新想法

第二届豆豆读书节开幕了,大一班幼儿想要走进图书馆,他们以绘画的方式制作了倡议书,希望能够得到豆爸豆妈的支持!倡议发出后,家长们积极响应,利用周末时间带着幼儿,有的去了书城、新华书店,还有的去了家长工作的单位——中国石油大学(华东)图书馆、青岛滨海学院图书馆、井冈山路小学图书馆等场馆,以书为媒,以阅读为纽带。一方面,让幼儿自主选书,享受阅读的乐趣;另一方面,让幼儿了解图书馆的功能构造、图书分类以及借阅图书的过程。去过

图书馆后,幼儿就迫不及待地说着自己喜欢的书和图书馆里的稀奇事,又萌生了希望幼儿园也能有一个智能化的、书的种类更多、可以自主借阅的智慧图书馆。

(二)豆宝写给园长妈妈的心愿卡

幼儿把自己的想法做成心愿卡,和园长妈妈来了一场心与心的沟通,向园长妈妈讲述了参观图书馆后萌生的创建智慧图书馆的想法。园长妈妈倾听了幼儿的想法后,肯定和表扬了幼儿的阅读积极性,并表示助力幼儿实现他们心中的图书馆。一方面,幼儿大胆地将自己的诉求和愿望表达出来,体验到作为幼儿园小主人的自豪感和责任感;另一方面,与园长妈妈的畅谈经历,更是幼儿成长道路上的一次难忘体验。

(三)我做"智慧+"豆荚书屋小主人

"你好,小朋友!""请将绘本二维码放置在上方亮灯处。""真棒,借书成功啦!"幼儿从绘制设计图到查阅资料信息,再到技术人员结合幼儿的想法进行创建,豆荚智慧书屋正如幼儿所愿建好了。智能借阅机、自主借阅绘本的场景、憨态可掬的借阅一体机吸引着幼儿的借阅兴趣,借助信息技术的智慧阅读,将图书资源、音视频资源与课程进行了"人-书-网"的有机联结,为幼儿带来了一场沉浸式的阅读体验。

二、"智慧+"阅读共育平台的智能化应用

(一)"智读"——打造数字化阅读新空间

本园秉承"环境润心,和谐成长"的办园宗旨,追随幼儿成长的脚步,增亮环境教育特色,汇聚优质绘本资源,营造多维互动场景,打造有童趣、会说话、能互动的智慧阅读空间。围绕"小种子大环境,每个豆豆都不同"的教育理念,豆荚智慧书屋里有智慧图书管理系统、数字化绘本管理系统、幼儿自助借还书机、智慧图书角等智慧阅读配套设施设备,满足全园幼儿的借阅需要。本园致力于利用各种游戏化、信息化方式培养幼儿的自主阅读习惯,引导幼儿体验每天充实而优质的阅读生活。

(二)"慧读"——建构智能化阅读新画像

本园建构的数字化绘本管理系统可根据幼儿借阅绘本的大数据图谱,查询和统计班级幼儿的阅读情况,生成幼儿个人年度阅读的"数据画像"。进而分析幼儿阅读喜好,为幼儿阅读教育、绘本资源投放提供科学的决策和支持,自动地

匹配大、中、小级部相关主题课程内容,更好地契合幼儿阅读需求和课程需要,加强绘本资源与主题课程的融合。

(三)"悦读"——赋能沉浸式阅读新体验

智慧阅读既包括阅读对象的数字化,也包括阅读方式的数字化。它将传统图书电子化,通过互动游戏的形式调动和激发幼儿的阅读兴趣。一到区域游戏时间,幼儿就会来到他们心爱的豆荚书屋,自主选取绘本进行阅读,也可打开音频,边翻看图书边听配音;还可以进行角色游戏,为绘本配音表演。幼儿听读、看读、点读、录读,与智慧书屋全能交互。这种丰富立体、形象生动的阅读体验,让幼儿真正浸润其中,用自己的"语言"感受着阅读的魅力。幼儿创编的故事、录制的故事音频都可以放在课程资源包中,进行选择性地使用。

(四)"享读"——打开亲子阅读新样态

打破传统阅读的单一方式,幼儿既可个人专注阅读,也可合作阅读,凸显游戏化、沉浸式阅读体验。绘本借阅成功后,幼儿可将绘本带回家,邀请爸爸妈妈和自己一起阅读,通过一起游戏、一起表演等方式,完成阅读体验,建立良好的亲子阅读互动模式。"我们家长的手机也能通过阅读软件进入咱们幼儿园的数字图书馆,里面的绘本太丰富了!幼儿也很喜欢跟我们分享自己看过的绘本,我们还会翻阅软件里的电子书单,一起讨论接下来要借阅哪一本。咱们的智慧书屋太棒了!"家长们为幼儿阅读积极性的提高和阅读习惯的养成,由衷地感到开心。家园共育的智慧阅读平台,架起了便捷、高效阅读与沟通的桥梁,以数字化信息技术为支撑的综合立体的智慧阅读方式,越来越受到幼儿和家长们的喜爱。

三、"智慧 +"阅读共育平台的拓展应用

（一）云上小电台 + 家园报——创信息共享平台

我们线上创办长江路中心幼儿园 TV 小电台,分设多个栏目,例如:教育快线栏目是以新闻的方式捕捉园所特色活动;微播报栏目是以微影的方式播报主题活动;点赞"长幼"栏目就是以视频的方式记录教师和幼儿的感人故事,传递正能量。我们线下创办"长幼"家园报,现已累计创办期刊 77 期,面向家庭发放 7 万余份,连续七年荣获青岛市十佳好新闻奖。通过这种线上和线下并行的沟通平台,家园同感受共成长。

（二）云上故事吧 + 小讲台——搭共情共育平台

线上创办了长江路中心幼儿园 FM 故事吧音频电台,融入共情感和故事感元素,采用家园联动主播体系 + 共情联动对话模式,让共育平台变得与众不同。故事吧开播 2 年多的时间里,播放量已突破 50 万次,其中 63％的听众来自山东,同时也吸引了 37％的来自江苏、南京、浙江等外省听众的喜爱。线下每个班级都有属于自己的生活吧小讲台,幼儿相互带动在班级里大胆地讲故事、谈感受、聊生活。

（三）诚信阅读 + 云上借阅——建德育致美平台

本园充分利用自主借阅机器开展德育,通过幼儿自主借阅、诚信还书、留言感悟、续编分享的四步流程来实施,创办了诚信阅读存折、发放践行诚信倡议书、完善诚信借阅制度和奖励机制等。同时,建立了家长学校线上书库,家长和教师在家就可以浏览相关介绍,实现线上预约、登记,线下借还书,在"信守承诺、阅启智慧"的良好家园共育氛围中,打开快乐阅读、诚信借阅的新窗口。

四、"智慧+"亲子阅读指导模式的创建与应用

长期以来,幼儿园持续开展亲子阅读的实践探究,除了组织丰富的亲子阅读活动外,还通过"智慧+"阅读共育平台推出亲子阅读指导板块,帮助家长制定亲子阅读指导的策略,更好地引导幼儿阅读,促进亲子关系的和谐发展,提升亲子阅读的质量。在"实践—反思—再实践—再反思"过程中,四季课程背景下的"智慧+"亲子阅读指导模式经历了初步探索、调整规范、丰富完善、推广检验四个阶段的研究,逐渐形成并完善了以"循道•提能"为指导理念的"三域五步双驱"亲子阅读指导新模式。

(一)以"教师成长"为本,形成了"循道•提能"亲子阅读指导理念

基于"因材施教""知行合一"的古代儒家思想以及诺尔斯的成人教育理论,我们提出"循道•提能"的理念,尊重教师的学习特点与规律,营造适宜共同成长的环境,形成学习共同体,提升教师亲子阅读指导的能力。

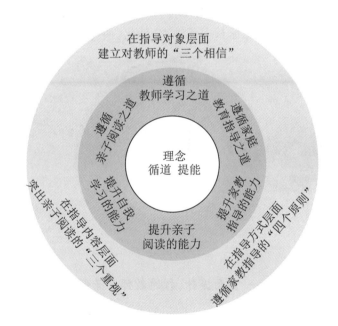

1. 亲子阅读指导的核心理念

循道•提能是亲子阅读指导的核心理念。循道是宗旨和原则,提能是效果和目的。

循道就是遵循规律,即遵循教师学习之道,遵循亲子阅读之道,遵循家庭教育指导之道。提能就是提升能力,即提升教师自我学习的能力,提升教师亲子阅

读的能力,提升教师家庭教育指导的能力。

2.亲子阅读指导的理念内涵

在指导对象层面,建立对教师的"三个相信",即相信每一个教师都是有责任的主动学习者,相信每一个教师都是能做出改变的践行者,相信每一个教师都是善于反思的思考者。

在指导内容层面,突出亲子阅读的"三个重视",即重视身心陪伴,重视氛围营造,重视情感体验。这也是亲子阅读的核心价值所在。

在指导方式层面,遵循家教指导的"四个原则",即促进观念转变的原则,充分调动家长已有经验的原则,具体问题具体指导的原则,重视体验性、实践性原则。

(二)遵循指导理念,建构了"三域五步双驱"亲子阅读指导模式

我们遵循"循道•提能"的指导理念,借助园内"学习营"、家庭"应用场"、"智慧+"平台,采取理论学习、实践探索、经验分享、智慧赋能等方式,建构"三域五步双驱"的指导模式,满足家长多元性、个性化、便捷性等指导需求。

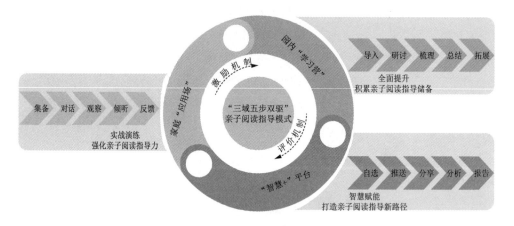

1.园内"学习营"——全面提升,打通教师亲子阅读指导知识储备的最后"一公里"

我们成立了教师亲子阅读指导"学习营",对教师进行亲子阅读指导的培训,包括讲座、沙龙等多种组织形式,内容涵盖亲子阅读指导的内容、形式、策略等。我们通过"导入—研讨—梳理—提升—拓展"五个步骤,关注教师的真实需求,激发教师已有的教育经验和智慧,鼓励相互解决困惑与问题,转变理念,改变行为,为高质量开展亲子阅读指导奠定基础。

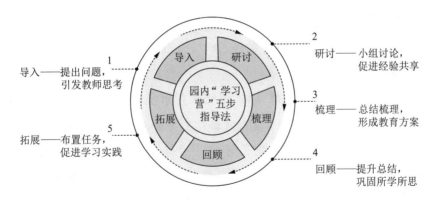

第一步：导入——提出问题，引发教师思考。我们通过问题方式引出课程主题。结合教师在亲子阅读指导方面急需解决的问题，以故事、情景、游戏等不同形式呈现，引发教师的初步思考。

第二步：研讨——小组讨论，促进经验共享。我们结合课程的大主题，邀请教师结合主题背景提出亲子阅读指导过程中的困惑与问题；请其他教师结合自己的经验或知识储备为其提供建议和经验参考。这样通过教师引导教师、教师影响教师，形成经验交流、互助研讨的氛围，达到经验共享的目的。

第三步：梳理——总结梳理，形成教育方案。问题研讨结束后，我们鼓励教师对问题解决方案进行梳理和总结，并请提出困惑的教师结合现场研讨，反思问题解决方案和要点，鼓励其他教师进行补充和分享，最终形成符合实际、可落地、可实施的问题解决方案。例如在"陪孩子一起阅读"教师沙龙活动中，在小组讨论之后，请每一个小组推选一名代表，交流和分享组内成员在亲子阅读指导中遇到的问题和小组研讨出来的初步的解决方案，分享后，其余成员进行补充、完善，最终形成一个完整的解决方案。

第四步：回顾——提升总结，巩固所学所思。形成解决方案之后，我们引导教师就"过程中的认知变化"进行交流。之后，主讲教师根据大家的分享以及本次指导活动的内容进行系统化、结构化总结回顾，巩固教师的所学所思，为教师在面向家长开展亲子阅读指导奠定良好的基础。

第五步：拓展——布置任务，促进学习实践。我们为教师推荐相关的书籍或布置实践任务，让教师在完成任务、实际操作的过程中，把学习到的知识转化为实践经验，提升亲子阅读指导的能力。例如在组织教师进行"如何阅读一本图画书"主题沙龙后，进行任务拓展，请教师根据本次学习活动延伸阅读书籍《幸福的种子》，并组织一场家长亲子阅读沙龙，将书中的亲子阅读理念与家长分享。这样的拓展任务，能促进教师深入学习，切实提高亲子阅读指导的实践能力。

园内"学习营",为教师营造了一个资源共享、智慧碰撞、情感交流的畅享空间,让教师在"协作""共享"中看见自己成长的力量,感受亲子阅读的意义,体验自我成长与指导家长成长的美好。

2. 家庭"应用场"——实战演练,强化教师亲子阅读指导力

教师指导能力的提升要结合实践才能生发效能,家庭"应用场"就是组织教师开展上门指导服务。教师进入到家庭,运用自身的亲子阅读理念、策略和方法,对家长从理念引领、育幼智慧等方面进行一对一指导,达到亲子阅读情况面对面沟通、家长心声面对面倾听、指导策略一对一探讨的实践效果。

我们梳理出"集备—对话—观察—倾听—反馈"五步法,助力教师在入户实践中指导有方。

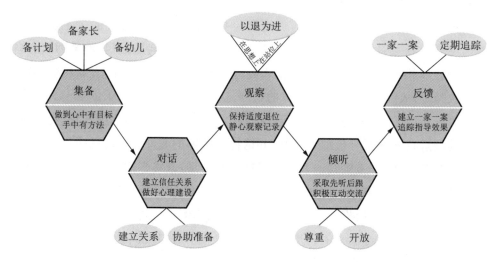

第一步:集备——做到心中有目标,手中有方法。教师的"集备"要做好"三备"。一是备计划,结合家长邀约单上提出的亲子阅读的主题、目标、内容制定指导策略,以增强入户指导的针对性。二是备家长,了解家长的职业、年龄等基本情况及家长的教育观念,以提高入户指导的实效性。三是备幼儿,根据幼儿自身的个性特征和年龄阶段特点做好预判,准备个性化的指导资料包、指导记录表。

第二步:对话——建立信任关系,做好心理建设。教师与家长对话的内容主要有两个方面:一是建立关系,鼓励家长根据自己的意愿选择喜欢的方式开展亲子阅读,营造良好的关系氛围;二是协助准备,在开展亲子阅读前询问家长还有哪些需要准备的事项,建立良好的合作伙伴关系。通过心理建设,以开放的心态开展亲子阅读活动。

第三步:观察——保持适度退位,静心观察记录。在亲子阅读环节,教师退位观察,不干预,不介入。从思想上、站位上"以退为进",静心观察亲子阅读现场。将家长的表现以关键词或照片、影像等形式加以记录,为指导亲子阅读的深入开展奠定基础,为后续反馈提供依据。

第四步:倾听——采取先听后跟,积极互动交流。"先听"即先要会倾听。教师在倾听时以尊重和开放的态度,认真听取并理解家长与幼儿内心的所思所想、情绪情感;在"听"的基础上"跟",对亲子阅读指导中出现的关键问题进行跟进,再结合自己的判断与思考,对产生的问题进行诊断并提出合理的建议。

第五步:反馈——建立一家一案,追踪指导效果。教师针对亲子阅读中的问题与疑惑,建立"书香万家档案",通过"一家一案"深入、全面、系统地进行分析与研究,制定针对性的指导策略与方法,及时向家庭反馈。反馈后,根据需要设定一定的周期定期追踪,以保证动态地了解家庭亲子阅读的进展情况以及家长对指导建议的执行情况,以此评估指导计划的效果,及时做出调整。

3."智慧+"平台——智慧赋能,打造数字化亲子阅读指导新路径

"智慧+"亲子阅读指导平台是一个打破时间、空间的网络指导平台,搭建了一个"可移动"的家庭教育指导助手,分为教师和家长两个不同的端口。我们搭建了"智慧+"亲子阅读指导平台,梳理出"自选—推送—分享—分析—报告"五步指导应用策略,着力解决亲子阅读家庭教育实践中的个性化问题,全面提升阅读指导实效。

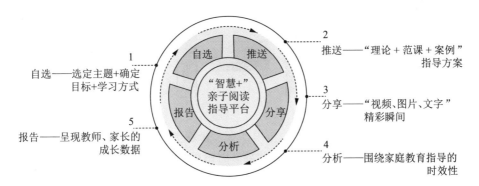

第一步:自选——设计学习任务单,确定学习需求。教师或家长登录"智慧+"亲子阅读指导平台,点击进入"自主任务设计"板块,根据自身在亲子阅读指导中存在的重难点问题,完成"学习项目→学习目标→学习方式"三个操作流程后点击提交,就可出现一张电子亲子阅读指导自学任务单。

第二步:推送——匹配指导方案,推送学习资源。家庭教育指导师根据自学任务单,从众多的课程内容中筛选出最为适宜的内容,搭配"理论+范课+案例"

的"3个1"的指导方案,直接推送到教师或家长的手机端,建立家庭教育学习网络,教师和家长可以随时、随地在线上进行学习。

第三步:分享——拍摄精彩瞬间,分享成长过程。教师或家长结合学习方案进行实践,用视频、图片、文字等不同形式进行记录,并在平台进行分享和共享。

第四步:分析——进行数据分析,给予阶段性反馈。教师对上传的内容相互学习观摩,可以进行点赞、留言或评论。同时鼓励教师结合自主学习目标,对亲子阅读指导中的方法和效果进行阶段性反馈,为后续开展亲子阅读给出更加科学、合理的指导建议。

第五步:报告——生成学习报告,呈现教师、家长学习成果。每个学期"智慧+"亲子阅读指导平台会将每一个教师或家长的学习、使用、效果都进行数据整合,以可视化图表的方式,直观地呈现出家长在亲子阅读指导方面的学习热度、学习档案、学习成效、学习积分等相关内容,增强教师和家长在亲子阅读指导方面的获得感,更好地激发了教师和家长进行再学习的主观愿望。

4."双驱"激励——构建亲子阅读指导激励评价机制

为避免教师出现"被动指导"的状态,需要一个有效的激励和评价机制做保障,我们创建了"激励+评价"亲子阅读指导机制,借助有效的激励和评价机制,促进亲子阅读指导活动的长效发展。

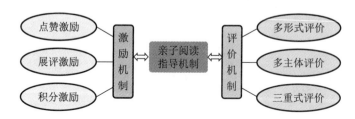

用好平台功能,发挥交互激励作用。在"智慧+"亲子阅读指导平台中,教师每参加一次"学习营"活动、每进行一次"应用场"实践、每完成一次任务单、每完成一次自主学习都可获得相应的教师赋能成长积分,集满相应的成长积分可以进行兑换奖励。

与此同时,幼儿园搭建亲子阅读成果分享活动、书香家庭评选、亲子阅读主题展评等激励平台,通过点赞激励法、展评激励法、积分激励法等方式,激励教师积极开展亲子阅读指导。教师还可将此激励方法迁移运用到班级亲子阅读活动中,起到双向驱动的激励效果。

采用多元评价,与生活互融互动。《幼儿园保育教育质量评估指南》提出,在进行评估时,要注重过程评估,强化自我评估,多聚焦观察。本园亲子阅读指导评价与生活互融互动,创建了多元化评价策略。一是多形式评价,包括图文表征方式、问卷与访谈方式、COA观察记录方式等多种方式并相互结合展开科学性评价。二是多主体评价,包括幼儿、家长、教师等主体,鼓励幼儿用自己的思维评价,鼓励家长对亲子阅读指导效果进行评价,鼓励教师对亲子阅读指导过程进行自评和互评。三是多重评价,包括"重陪伴"评价、"重过程"评价、"重体验"评价。"重陪伴"评价,着重关注亲子阅读指导的全程互动;"重过程"评价,关注教师在亲子阅读指导的努力过程;"重体验"评价,关注幼儿、家长和教师在亲子阅读中的情感共鸣。

⊗ 请选择指标阶段

▼ 前阅读
　阶段1:儿童能指出书中、图片中或照片里熟悉的人或物。【样例解析】 ☑
　阶段2:儿童在看到图片时,能简单说出在图片中看到了什么(会"读"图片)。【样例解析】 ☑
　阶段3:儿童能理解某些常用符号(如区角标识、材料标识、交通标志等)的含义。【样例解析】 ☑
　阶段4:儿童能识别出自己熟悉的或笔画简单的汉字。【样例解析】 ☑
　阶段5:儿童知道印刷品是从左到右、从上到下读的,并能读出印刷品上笔画较多的汉字。【样例解析】 ☑
　阶段6:儿童能读出一行文字中的不同汉字,能通过汉字结构、拼音、图片线索、语言规则或前后文意思来推断新汉字的读音。【样例解析】 ☑

確定

⊗ 请选择指标阶段

▼ 倾听与理解
　阶段1:儿童能用非语言的方式回应简单的陈述或要求。【样例解析】 ☑
　阶段2:儿童能对简单的问题或陈述做出口头回应。【样例解析】 ☑
　阶段3:当儿童听到与他经验有关的谈话,或对谈论话题有想法时,他会加入该谈话。【样例解析】 ☑
　阶段4:儿童能重述出一个故事或一本书中3个或更多的细节。【样例解析】 ☑
　阶段5:儿童在听新故事时,他能预测接下来将要发生的情节,并能根据之前的故事情节或自己的经验说明理由。【样例解析】 ☑
　阶段6:儿童通过提问、回答口述故事或图书中的关键问题,来表示他对其内容(或主题)的理解。【样例解析】 ☑
　阶段7:儿童能描述出故事(或图书)中的角色、事件及主题之间的关系。【样例解析】 ☑

確定

⊗ 请选择指标阶段

▼ 口语表达
　阶段1:儿童能用手势比划,或说出一个词来指代人、物或行为、需求等。【样例解析】 ☑
　阶段2:儿童能说出一个短语(句)指代人、物或行为等。【样例解析】 ☑
　阶段3:儿童能谈论不在场的真实的人或物。【样例解析】 ☑
　阶段4:儿童能准确地使用第三人称代词(如,他或他们、他的或他们的等)。【样例解析】 ☑
　阶段5:儿童会用复句表达(句中含有"因为……所以……""假设……就……"等关系从句)。【样例解析】 ☑
　阶段6:儿童用假设句"如果/万一……就会……"或"假设……就会……"谈论人、事或物等(发生可能性极小的或永远不会发生的事)。【样例解析】 ☑
　阶段7:儿童能在一个合作讨论中,就游戏或活动的特定主题展开一系列交谈,交谈中需包含多来回对话,并涉及倾听、表达、询问问题、提供信息等。【样例解析】 ☑

確定

⊗ 请选择指标阶段

▼ 对图书的热爱与理解
　阶段1:儿童对书表现出兴趣,会翻书页(有时会把书拿反或一次翻很多页)。【样例解析】 ☑
　阶段2:儿童会从前向后读一本书,一次只翻一页,每一页都会按顺序来读。【样例解析】 ☑
　阶段3:儿童能用一个短语或句子谈论书中的人、物或事件。【样例解析】 ☑
　阶段4:儿童会自己选择或要求读某一本特定的书。【样例解析】 ☑
　阶段5:儿童能说明为什么喜欢某一本或某一系列的书。【样例解析】 ☑
　阶段6:儿童能按事情发生的顺序,重述故事或书中4个及以上的事件。【样例解析】 ☑
　阶段7:儿童理解整本书,能根据书中的人物、背景、事件等故事元素对这本书做出总结。【样例解析】 ☑

確定

（三）开发了可供家长迁移应用的亲子阅读指导资源

在多年的实践探索中，我们充分挖掘并创造性梳理归纳，最终形成了"一库一单一平台"的课程资源。

"一库"是指家庭教育指导师人才库。其中不仅包括对亲子阅读指导有研究的获得家庭教育指导师的幼儿园教师，也包括对亲子阅读指导感兴趣、有研究的家长。

"一单"是指亲子阅读指导书单。其中包括亲子阅读指导的推荐书目与选读书目，为家长开展亲子阅读活动奠定了理论基础。

"一平台"是指"智慧+"阅读指导平台。本园的"豆宝e家"智慧阅读平台设有亲子阅读指导资源、个性化推送、专家互动答疑等多种项目。其中，亲子阅读指导资源中又包含亲子阅读教育指导微课、亲子阅读指导书籍、亲子阅读故事吧等多项内容。丰富性、多样化、个性化的平台满足了亲子阅读指导中更多的需求。

五、"智慧+"亲子阅读指导模式的应用及效果

（一）提升了教师亲子阅读指导能力

"三域五步双驱"亲子阅读指导模式在形成过程中，提升了教师自身的文学素养、阅读能力和亲子阅读指导能力。教师说："以前对亲子阅读指导不深入，现在的指导模式让我们在实施亲子阅读指导中有了抓手，易操作、效果好。"同时，家长反馈教师越来越专业，对教师阅读指导能力的满意度和赞誉度持续提升。自

2012 年以来,本园多位教师在山东省原创绘本素材创意大赛、各种指导类大赛中获奖;开展的家庭教育名师开放课、家庭教育公开课、家庭教育城乡交流课获得市区级教育成果多项;19 名教师取得家庭教育指导师证书,入驻国家人才库。近几年,本园涌现出山东省实施学前教育三年行动计划先进个人 1 人、齐鲁名师 1人、省百佳教师 2 人、市级名师 3 人、市级教学能手 4 人,区拔尖人才 2 人、区优秀青年人才 1 人等。

(二)提高了亲子阅读质量

我们制定了亲子阅读指导水平质量评估方案,围绕"情感""兴趣"和"能力"三大目标对亲子阅读数据进行综合分析,发现幼儿的阅读兴趣与喜好、故事理解水平、语言发展水平显著提高。以家庭为单位主动参与故事大赛、绘本大赛等阅读活动的参与率由 45% 提升至 98%,单次参与率全员占比高达 100%。12组家庭在省市级普通话诵读比赛上获奖,公众号、报刊、"学习强国"等平台进行了宣传和推广。

(三)研究成果的推广与应用产生了广泛影响

在镇街一体化管理模式下,本园亲子阅读指导经验推广应用到 95 所公办、民办幼儿园,让优质的教育资源渗透到辖区内每一所幼儿园,并与省内多家幼儿园进行分享交流。本园开展的亲子阅读云讲堂、亲子阅读专栏、亲子阅读指导沙龙等特色活动,辐射到 4 000 余个家庭;亲子阅读指导资源包应用于街道公办、民办幼儿园的 1 000 余名教师专业成长上;创立的"长幼故事吧"收听量达到 10 余万次。本园荣获省、市、区级教学成果各 1 次,出版一本专著,发表了 20 余篇文章。典型经验《用幼儿自己的"语言"感受阅读的魅力》在"学习强国"上发表,典型经验《"豆荚书屋"让幼儿爱上阅读》在《大众日报》《青岛西海岸报》刊登。幼儿园也荣获山东省优秀家长学校、全国家园共育实验基地、青岛市示范家长学校等称号。